JN091704

大村敦志 著

新 基本民法

Nouveau droit civil fondamental

担保編

Sûretés

第 2 版

物的担保・人的担保の法

有斐閣

■ 第２版はしがき

『新基本民法』シリーズは，2014 年から 2017 年にかけて刊行された。シリーズ完結後の 2017 年 6 月にはいわゆる債権法改正が実現した（2020 年 4 月施行）。また，2018 年 6 月には成年年齢の引下げ（2022 年 4 月施行），7 月には相続法改正（2019 年から 20 年にかけて施行），そして 2019 年 6 月には特別養子制度の改正（2020 年 4 月施行）がこれに続いた。本シリーズでは，債権法改正については法案の段階で織込み済みではあるが，改正法が成立しすでに施行されている今日，旧法と法案とが併記されたままの記述は煩わしく感じられる。また，いずれも重要な改正である 2018 年の二つの改正については，可能な限り早い時期に対応することが望まれる。そこで，順次，版を改めて必要な増補を行うこととした。初版の場合と同様，2，3 年のうちには作業を完結させたいと考えている。

民法改正はその後も続いている。法制審議会では，所有者不明土地に関する改正のための部会審議は終了し，親子法制の改正のための部会審議も中間試案の公表に至っている。また，非典型担保や（近年の改正の対象事項以外の）家族法制についても，新たに部会が設置されている。それゆえ，第 2 版の刊行後もほどなく改訂が必要になることが予想される。あまり遅れることのないように対応していきたいと考えているが，改訂が遅れそうな場合には（第 2 版について言えば，相続編の改訂までには多少時間がかかる），暫定的な措置として有斐閣のウェブサイトに改正法に関する解説を掲載することも検討しているので，そちらもあわせてご覧いただきたい。

初版と同様に第 2 版についても，シリーズ全体としては有斐閣法律編集局書籍編集部長の藤本依子さんにご担当いただいているが，本巻に関しても，藤本さんを煩わせた。この場を借りてお礼を申し上げる。

2021 年 2 月

大 村 敦 志

■ 初版はしがき

『新基本民法』シリーズは，2001年から2004年にかけて初版が公刊された『基本民法』シリーズを引き継ぐものである。執筆にあたっての考え方は旧シリーズと同じであるので，後掲の「基本民法Ⅰ・初版はしがき」をご覧いただきたい。ただし，旧シリーズが民法典の前3編（総則・物権・債権）を対象とする3巻本であったのに対して，新シリーズにおいては，私の勤務校以外での使用の便宜も考えて既刊の3巻を6冊に分けるとともに，親族・相続を対象とする2冊（2008年度・2010年度の講義ノートをもとにしている）を新たに加えた。その結果，総則編・物権編・担保編・債権編・契約編・不法行為編・家族編・相続編の計8冊となる。

8冊には法典順に巻数を付したが，これとは異なる組み合わせでの利用も考えられる。私は勤務校では，総則編と物権編，担保編と債権編，契約編と不法行為編，家族編と相続編とをセットにして用いるが，自由なカリキュラム編成が許されるならば，民法全体のうち家族編・物権編・不法行為編（「人の法」6単位），契約編・債権編・総則編（「契約関係の法」6単位）を必修科目とし，相続編（2単位），担保編（2単位）を選択科目とするのも一案だと考えている（新シリーズはほぼこの順序で公刊する予定である）。ほかにもいくつかの編成方法が考えられよう。

旧シリーズの刊行終了から新シリーズの刊行開始までの10年間には，いろいろなことがあったが，とりわけ，法科大学院の発足と民法の全面改正への着手が大きな出来事であった。当初は活気を見せていた法科大学院にも，司法試験合格率の見かけ上の低下に伴い，受験指向の強い学生が増えてきたと言われる。それでも，基本を理解することの必要性は依然として変わらない。民法の改正がこの先どのように進んで行くのかはわからない。とはいえ，変化していく民法の姿をその骨格において把握することはますます重要になるだろう。

なお，旧シリーズに対しては，内容はわかりやすいが簡素に過ぎる，という批判があった。しかし，教科書には骨子が書いてあればよく，授業においては教科書を使いつつ，それとは別の話を行うのがよい。私自身もこれまでそうしてきたし（その内容の一部は『もうひとつの基本民法』や『民法のみかた』になっている），これからもそうしたいと考えている。

もっとも，今後の法学部における民法学習のあり方を考えるならば，法システムの説明は簡単でよいとしても，システム外の要素については学習のための手がかりを示した方がよいのかもしれない。また，本格的な民法学習以前に，あるいはこれと並行して知っておいた方がよいこともある。これらの点については，別の機会を持ちたいと考えている。現時点ではさしあたり，私の他の著作（『民法読解』シリーズのほか『フランス民法』『日韓比較民法序説』や『不法行為判例に学ぶ』『文学から見た家族法』，あるいは『民法総論』や『民法０・１・２・３条』『民法改正を考える』など）で補っていただきたい。

旧シリーズの刊行に際しては，酒井久雄さんから多大な援助を得たが，新シリーズの構想にあたっては辻南々子さんにお世話いただいたほか，本巻の編集については藤本依子さんを煩わせた。有斐閣の皆さまには，この場を借りてお礼を申し上げる。校正を手伝って下さった，私設秘書の伴ゆりなさんにも，あわせてお礼を申し上げたい。

2016年7月
大 村 敦 志

■ 基本民法Ⅰ・初版はしがき――本シリーズの趣旨と内容

『基本民法』シリーズは，大学の法学部（法学科なども含む学部段階における法学専門コース）における民法（財産法部分）の教育・学習のために書かれた全3巻の教科書である。総則・物権総論を扱う本書はその第Ⅰ巻であるが，続いて，第Ⅱ巻（債権各論），第Ⅲ巻（債権総論・担保物権）の刊行が予定されている。

1　ある法領域の全体を対象とする概説書は，一般に教科書と体系書とに区分され，前者は教育・学習のためのもの，後者は実務（あるいは研究）のためのものであると考えられている。「教科書」として書かれている本シリーズは，もっぱら教育・学習の支援のためのものであり，実務の要請に応えるような詳細な議論を含まない。

もっとも，一口に「教科書」と言ってみても，その内容は法学教育（法学学習）の目的に応じて多種多様でありうる。一方で，法を外的な観点から観察しようとする研究者を養成するためには，法を現象として理解し批判するための視点・技法・素材を提示する必要があるだろう。他方，内的な観点に立って法の運用に携わる法曹を養成するためには，技能として法の体得が不可欠であると言える。

将来の専門家（研究者，法曹）をめざす人々の教育は，大学院で，あるいは司法研修所で行われるが，法学部もこれらの人々の基礎教育を担っている。同時に，法学部には，狭い意味での専門家になるのではない多くの人々が在学している。これらの人々は，法と関連のある職業につくこともあるが，そうでないことも多い。法学部は，このような人々の一般教育の責任も負っている。

それゆえ，「法学部」における法学教育は，基礎教育と一般教育の両面を兼ね備えたものでなければならない。私はこれを「共通教育」と呼びたい。共通教育において重要なのは，法学部で専門的に法を学ぶ者すべてに必要な「共通教養」の形成であると言える。『基本民法』シリーズが，伝達したいもの・習得を呼びかけているものは，このような「法学習者の共通教養としての民法」である（それは一般的な「教養」とは異なる）。

2　では，ここでいう「共通教養」とは具体的には何であろうか。私は，「実定民法の体系的理解」であると考えている。それは，民法の規範の全体像を一定の精度で把握し，それが内包する考え方に共感するということである。別の言い方をするならば，学習者が民法の規範を「構造化」し「内面化」するのを援助するのが，「共通教育」の任務であるとも言えるだろう。

「内面化」と「構造化」とは相互に密接な関連を有する。内面化によって構造化が促進される，逆に，構造化が内面化を補助するという関係にあると言ってよい。実際のところ，意識的な教科書としてはパイオニア的な存在であると言ってよい鈴木禄弥教授の教科書（1964年の『物権法講義』，68年の『相続法講義』に始まり，1980～88年の『債権法講義』『民法総則講義』『親族法講義』により完結）は，この双方の目的に配慮した優れたものであった。その後にも優れた教科書は少なくないが，制度趣旨や利益考量を重視する星野英一教授の『民法概論』シリーズ（1971～78年）は内面化の側面に，斬新な体系的再編をはかる北川善太郎教授の『民法講要』シリーズ（1993～94年）は構造化に，とりわけ意を用いたものであると言えるだろう。

新時代の教科書として大いなる成功をおさめた内田貴教授の『民法』（1994年～）は，これらの営みの延長線上に位置づけることができる。そこでもまた内面化・構造化の試みが展開されている。しかし内田『民法』にはさらなる革新が認められる。ビジュアルな紙面構成も印象的であったが，昨今では色刷り・図表は珍しくなくなった。類書と一線を画するのは，学習者の視点に立った段階的な展開と厚い叙述にあると言うべきだろう。この手法によって，高いレベルで内面化・構造化の連結が達成されているのである。

厚い叙述や立ち入った議論の展開は，内田『民法』の独擅場であり，現時点において新たな書物をつけ加える意義は見出しがたい。内田『民法』の7割程度の紙幅で構成されている本シリーズにおいては，あまり細かな議論には立ち入らずに，制度の趣旨や位置づけなど基本部分の説明に重点を置いた。本シリーズがめざすのは，全体の見通しをよくし相互の関連をつけるということである。「全体の見通しは部分の理解を助ける」というのが本シリーズの掲げるスローガンである。民法の規範の内面化・構造化への第一のルートは内田『民法』によって切り開かれた。本シリーズは第二のルートを試みるものである。その成否は読者の判断に委ねられるが，もし第二のルートが切り開かれるならば，「民法」という巨大な山塊に挑む可能性は増すはずである。山頂に至るという目標は同じであるが，ルートによって乗り越えるべき困難は同一ではないし，途中に広がる風景もまた異なることだろう（なお，本書とほぼ同時期に公刊される山本敬三教授の教科書シリーズは，その発想において本書と共通のものを含むと思われるが，そのスタイルは本書とはかなり異なる。そこにもまた別のルートが開かれつつある）。

3　ここで，民法と民法学ということに一言触れておきたい。本シリーズが対象とするのは「民法」であるが，ここで言う民法とはいったい何だろうか。民法にはいくつかの側面があるが，本シリーズが扱うのが「実定民法」であることは，先に述べた通りである。そうだとすると，現在において妥当する規範としての民法，すなわち，民法典とそれに附属する特別法そして判例（「法源」と呼ばれる）がそれであるということになるだろう。

では，学説はどうだろうか。私は，いわゆる「学説」を大きく二つに分けて考えたい。一つは，個々の解釈上の問題に関する学者の考え方である（「ミクロの解釈論」あるいは「意見としての学説」と呼ぶこともできる）。法律や確定判例により直ちに明瞭な結論を導くことができない問題に関する学者の見解は，実務に携わる者にとっては有益な発想源であろう。しかし，教育・学習の支援を目的とする本シリーズにとっては，細かな解釈問題のそれぞれにつき存在する様々な意見を紹介し論評を加える必要は乏しい。一方で，全体像を構成するために必要な限度で，広く共通に承認されている考え方を，他方，基本的な原理を展開させる際の可能性を示すものとして，いくつかの代表的な考え方を，それぞれ紹介すれば足りるのである。もう一つは，ルールや制度の総体に対する学者の考え方である（「マクロの解釈論」あるいは「枠組としての学説」と呼ぶことができる)。「実定民法の体系的理解」という共通教育の目的からすると，こちらを重視すべきであるというのが本シリーズの立場である。

これまで，後者のような解釈論あるいは学説は，それ自体としてはあまり重視されてこなかったように見受けられる。しかし，われわれが「民法」として意識しているのは，民法典や判例そのものではなく，教科書や体系書によって語られた「民法」であると言うべきだろう。われわれの「民法」像は，その深層において教科書や体系書の枠組により規定されているのである。そうだとすれば，「民法学」のこのような営みを軽視すべきではない。少なくとも，私自身は，「法技術（technique）そのものではなくそれを支える考え方（technologie）へ」向かう民法学を目指している。

なお，本シリーズはあくまでも共通教育のための教科書である。そのため，様々な事例にルールを適用する「感覚」や歴史や比較法を援用しつつ現行法を批判的に検討する「見識」を養うという観点からは十分なものとは言えないが，このことは，これらの側面に重点を置いた法学教育の重要性を否定するものではない。本シリーズの枠内でも，各巻の末尾に配した「民法学習で大事なこと」と題する項において，本シリーズでは必ずしも十分に取り入れられてはいない重要な視点についての注意を促している。そこで指摘した諸点に留意するならば，共通教養としての民法の学習も一層深まるに違いない。

4　本シリーズは，直接には，東京大学法学部において私の講義を聴講する学生諸君の学習を支援するために書かれている（2001年度以降の講義では，諸制度につき概括的な説明をするにとどめて，いくつかのテーマを選んでより立ち入った検討を行う予定である。私の講義との関連で言えば，このようなスタイルの講義を可能にするために，本書を公刊することにした)。本シリーズの原型もまた同学部における私の講義ノートである。そのため，本シリーズの各巻は同学部における民法の講義区分，すなわち，第1

部＝総則・物権総論，第2部＝債権各論（用益物権を含む），第3部＝債権総論・担保物権に対応している。

1963年から行われているこの編成がいかなる理由によって採用されたのかはつまびらかではないが，おそらくは次のような考慮に基づくものと思われる。①民法典の編別にこだわらず，教育効果の観点から再編成を行う。しかし，②民法典の編別をあまり大きく崩すことは避けたい。さらに，③四つ（上記の第1部〜第3部に，第4部＝親族・相続が加わる）の講義に配分される内容の分量はほぼ同量でなければならない。

これらの要請に，上記の編成はかなりの程度まで応えているように思う。そのポイントは，債権総論と各論の順序を入れ替える，債権総論と担保物権を一緒に講義するという2点にあるが，そこには，具体性・機能性の重視という視点を見てとることができる。もっとも，反面で，財産法部分の三つの講義それぞれの性格がやや不分明になっているように思われる。しかし，この点についても，次のような説明が可能であると言えるだろう。すなわち，人・物・法律行為という基本概念を扱う第1部は「権利の要素」に関するものとして，契約・不法行為など債権の発生原因を扱う第2部は「権利の成立」に関するものとして，そして，成立した権利の実現過程や確保手段を扱う第3部は「権利の実現」に関するものとして，それぞれ総括することができると思われるのである。

以上のように，民法典の編別を崩した再構成を行うことは，直ちにその価値を全面的に否定することを意味するわけではない。民法典の編別（とりわけ各レベルでの「総則」）の意義と限界については，十分な検討を要するだろう。私も民法総則につき，本書とは別に，より立ち入った検討を行うことを予定している。

5　〔略〕

6　本シリーズは，民法のうち「財産法」部分を対象とするものであり，「家族法」（相続法を含む）部分にはいまのところ及ぶ予定はない。第4編親族の部分については『家族法』（1999年）をすでに執筆しているというのが主たる理由である。『家族法』もまた「実定民法の体系的理解」を基本に執筆したが，それ以外の視点（法を通して個人・社会・国家のあり方を考える，民法を他の法律や他の規範との関係でとらえる，など）もかなり加味してある。そのために先端的な問題もとりあげている。対象の性質からして，そのようなアプローチが望ましいと考えたためである。教育・学習に際しても，財産法との共通点に留意する必要はあるものの，家族法の独自性にも相応の配慮が必要であると考えている（この点は，民法の財産法部分と交錯する形で存在する消費者法についても同様であり，そのような観点から『消費者法』〔1998年〕を書いた）。

結果として，相続法の部分に欠落が生ずることになるが，正直に言って，この難しい法領域にどのようにアプローチすればよいのか，今のところ私には定見がない。もう少し検討をした上で，いずれ何らかの形で概説書を公刊できればと考えている。

7　本シリーズの構想を固めるにあたっては，前述のいくつかの教科書シリーズから多くの示唆を得ているが，体系書に属する以下の書物からも学ぶところも多かった。一つは，原理に貫かれた体系を指向する広中俊雄教授の『債権各論講義』（1961年〜）であり，もう一つは，自明に見える制度趣旨の説明に意を用いた道垣内弘人教授の『担保物権法』（1990年）である。

そのほかに，裁判例の事案や制度の変遷の社会的背景につき委曲を尽くして語りかける米倉明教授の『民法講義総則（1）』（1984年），歴史的・比較法的な考察を基礎にすえた平井宜雄教授の『債権総論』『債権各論』（1985年〜）からも少なからぬ刺激を受けた。前述のような理由により，本シリーズにおいてはこれらの視点は必ずしも前面には出てこないが，巻ごとに異なる方式で，少しずつではあるがこれらの視点をも加えている。

さらに，叙述を進めるにあたっては，潮見佳男教授の『債権総論』『不法行為』（1994年〜）から，新しい問題を見い出してこれを論ずる姿勢を，能見善久教授による四宮和夫『民法総則』（初版，1972年）の第5版（1999年）からは，伝統的な理論と新しい考え方のバランスのとり方を，加藤雅信教授の『事務管理・不当利得』（1999年）からは，自己の研究の教科書への反映のさせ方を，それぞれ学んだ。本シリーズでも，可能な範囲で，新たな視点の提示や研究の最前線（私自身のささやかな研究も含めて）の紹介に意を用いている。

なお，できるだけ平易な叙述をと心がけたつもりだが，その際に，清新なスタイルを持った『法学セミナー』誌上の一連の連載（池田真朗・山野目章夫・沖野眞已各教授によるもの。前二者は今日では，『スタートライン債権法』『初歩から始める物権法』として公刊されている）などを参考にしたことも付言しておこう。

もちろん，内容についても，上記の，そして上記以外の教科書・体系書（主なものは各巻の「はじめに」に掲げた）を含む多くの先学の研究成果に負うことは言うまでもない。教科書としての性質に鑑みて詳細な引用は行っていないが，この場を借りてご海容を乞うとともに感謝の意を表させていただく。

8　〔略〕

2001年3月

大 村 敦 志

目　次

■ 略 目 次

MAIN QUESTION 対応版

細目次対応版

■ 細目次

補論 体系と法　205

■ 略語について

(1) 法　令

民法については，文脈上明確にすることが必要な場合を除き，条・項・号のみで表記した。その他の法令名については，有斐閣『六法全書』の「法令略語」によった。

(2) 判　例

下記のように略し，末尾に，『民法判例百選Ⅰ・Ⅱ〔第8版〕』（有斐閣，2018），と，『民法判例集 担保物権・債権総論〔第3版〕』（有斐閣，2014）の事件番号を付した。

例　最判平10・9・10民集52-6-1494［Ⅱ21］〈118〉
　＝最高裁判所平成10年9月10日判決，最高裁判所民事判例集52巻6号1494頁所収。［Ⅱ21］は，『民法判例百選Ⅱ〔第8版〕』の21事件，〈118〉は，『民法判例集 担保物権・債権総論〔第3版〕』の118事件を表す。

最　判（決）　最高裁判所判決（決定）
最大判（決）　最高裁判所大法廷判決（決定）
大　判（決）　大審院判決（決定）
大連判（決）　大審院連合部判決（決定）
地　判（決）　地方裁判所判決（決定）

〈判例集〉

民　集　大審院民事判例集，最高裁判所民事判例集
民　録　大審院民事判決録
新　聞　法律新聞
判　時　判例時報
金　法　金融法務事情

※カタカナ書きの条文・判決文については，ひらがな書きにして引用した。

(3) 文　献

以下のものは，略称（**太字**）で引用する。

〈本シリーズ姉妹編〉

もうひとつ　もうひとつの基本民法Ⅰ・Ⅱ（有斐閣，Ⅰ：2005，Ⅱ：2007）
　Ⅰ-1　=　ⅠのUNIT 1を示す。

みかた　民法のみかた――『基本民法』サブノート（有斐閣，2010）
　1-1　=　Image 1-1を示す。

〈概説書〉

淡　路　淡路剛久・債権総論（有斐閣，2002）
内　田　内田貴・民法Ⅲ（債権総論・担保物権）（東京大学出版会，第4版，2020）
加　藤　加藤雅信・物権法（新民法大系Ⅱ）（有斐閣，第2版，2005）
河　上　河上正二・担保物権法講義（日本評論社，2015）
北川Ⅱ　北川善太郎・物権（民法講要Ⅱ）（有斐閣，第3版，2004）
北川Ⅲ　北川善太郎・債権総論（民法講要Ⅲ）（有斐閣，第3版，2004）
鈴木・債権　鈴木禄弥・債権法講義（創文社，四訂版，2001）
鈴木・物権　鈴木禄弥・物権法講義（創文社，四訂版，1994）
道垣内　道垣内弘人・担保物権法（現代民法Ⅲ）（有斐閣，第4版，2017）
平　井　平井宜雄・債権総論（弘文堂，第2版，1994）
星野Ⅱ　星野英一・民法概論Ⅱ（物権・担保物権）（良書普及会，合本新訂版，1976）
星野Ⅲ　星野英一・民法概論Ⅲ（債権総論）（良書普及会，1978）
吉　田　吉田邦彦・所有法（物権法）・担保物権法講義録（信山社，2010）

〈講　座〉

民法典の百年　広中俊雄＝星野英一編・民法典の百年（全4巻，有斐閣，1998）
民法講座　星野英一編集代表・民法講座（全9巻，有斐閣，1984〜90）

〈債権法改正について〉

詳解・債権法改正の基本方針Ⅰ〜Ⅴ（商事法務，2009〜2010）
民法（債権関係）の改正に関する中間試案の補足説明（商事法務，2013）
大村敦志＝道垣内弘人編・解説 民法（債権法）改正のポイント（有斐閣，2017）

筒井健夫＝村松秀樹編著・一問一答 民法（債権関係）改正（商事法務, 2018）
安永正昭＝鎌田薫＝能見善久監修・債権法改正と民法学Ⅰ～Ⅲ（商事法務, 2018）

■ はじめに

◆ 本書の対象

本書『新基本民法3 担保編』は，民法典の編別に即して言えば，「第2編物権」のうちの「第7章留置権，第8章先取特権，第9章質権，第10章抵当権」と「第3編債権」のうちの「第1章第3節多数当事者の債権及び債務」に対応する。いわゆる担保物権を中心とするものの，これに保証・連帯債務を加えている。編成の視点については後で述べることとして（⇒**総論**〔UNIT 1〕），ここでは本書が，これらを**物的担保の法・人的担保の法**として把握しようとしていることを述べるにとどめる。反対にここで一言しておきたいのは，この部分の持つ複雑性と流動性についてである。（狭義であれ広義であれ）担保法には，種々の法律関係（それは民法の諸分野だけでなく執行法・倒産法にもかかわる）を有する多数の当事者が現れる1)。また，この部分は金融取引実務と密接に結びついており，その変化に敏感に反応する2)。しかし本書においては，このような特色に対して機能的・実務的なアプローチをとることはせず，制度の趣旨や歴史などに重点を置きたいと考えている。

この選択は直接には，著者である私に実務の詳細を語る能力・知見が欠けていることによる。しかし，同時に，法学部における教育の目的に対する私の考え方によるものでもある。私は，少なくとも法学部の学部段階では，制度の基本的な趣旨につき，共感を持ってこれを理解するということが最も重要であると考えている。銀行などの実務関係者が担保法をどう利用するかという以前に，「債権の担保」というものに対して，われわれの社会がいかな

1）このような性質に鑑みるならば，「担保編」は「相続編」とともに応用的な色彩の濃い分野として，民法の外郭に位置づけられることになる。もっとも，応用的であるということは，原理的な考察が不要なことを意味しないし，そこにある種の思想が伏在していることを否定するものでもない。

2）柚木馨博士はその著書『担保物権法』の「はしがき」で，次のように言っている。「いわゆる民法的なものが深海の底流を凝視するものなるかの観を示すに対して，担保物権法はむしろ海面の風浪と波瀾とを描写する趣をもっている」と。

る法を持つべきかを，読者には，一市民としてあるいは将来の法律家として考えてもらいたい。

なお，民法典との関係で本書がカバーする範囲を明示し，あわせて叙述の順序に関するイメージも提供するために，この「**はじめに**」の末尾に二つの図表（対照表と内容関連図）を掲げておくので，随時，参照していただきたい。

◆ 本書の使い方

もともと講義ノートに由来する本書は，ほぼ同じ分量の13の「ユニット（UNIT）」から構成されている。各UNITの内容が一覧できるように，それぞれの冒頭に目次を改めて掲げてある。独習に際しては，このUNITを単位に読んでいくとよいだろう。また，新シリーズにおいては，各UNITの冒頭に，副題として当該UNITを総括する問い（**MAIN QUESTION**）を掲げたので，この問いを意識しながら読み進めれば，話の筋を辿りやすいだろう。

本書を読むに際しては，**六法**（法令集）と**判例教材**を常に手元において参照してほしい。各UNITの冒頭には参照条文を指示してあるので，条文を一読した上で本文に進むとよい（そのうち主なものは条文自体を掲げた。ただし，カタカナ書きの旧規定等はひらがな書きにし，濁点・句読点を補ってある。本文中での条文や判決文の引用についても同様である）。本文を読むに際しても，条文が引用されるたびに六法にあたる必要がある。なお，本文中の判例に付した[1]，〈1〉などは，それぞれ『民法判例百選Ⅰ・Ⅱ〔第8版〕』（有斐閣），『民法判例集 担保物権・債権総論〔第3版〕』（有斐閣）の事件番号を示している。前者は最も一般的な判例教材であり，後者は私が講義の際に用いている判例教材なので，読者の参照の便宜のために事件番号を掲げた。本書中では，判例の事案を必ずしも十分には紹介していないので，ぜひ判例教材にあたっていただきたい。

本文中の**小さい活字の部分**は，講義では省略していた部分，あるいは講義では補足的・追加的に言及した部分である。相対的には重要度が低いが，必要に応じて参照するとよいだろう。**注**は，①民法以外の条文・判例（ただし，仮登記担保法などの重要な特別法や担保編で頻出する民事執行法・破産法・会社更生法については民法の条文と同様に本文中に括弧書きで示す），②本文で特に言及・依拠している論文および判例・学説を総合的に検討する助けになる論文，③

制度趣旨につき特色ある説明をしている教科書類の引用にあてられている（略語については細目次の後に掲げた「略語について」を参照)。

各UNITの末尾には，本文中の重要な文（**KEY SENTENCES**――本文中では色字。本書のメッセージをなすもの）と用語（**TECHNICAL TERMS**――本文中では太字。必ずしも専門用語には限らない）をまとめて掲げたので，復習の際の手がかりとしていただけると思う。また，読書案内（**REFERENCES**）として見出しにあげたのは，各制度についての基本的な研究である（単行本に限っている)。これらの多くが行っている制度理解の新たな試みこそが，学説の本来の任務であると思う。一つでも二つでも，興味のあるものを読んでみてほしい。概略を知るためには，『民法学説百年史』（三省堂）が便利である。

巻末には，条文索引・判例索引のほかに，やや詳しい事項索引をつけた。民法典の順序に従っていない上に，特定の規定・制度に関する叙述が各種に分散している本書を，規定ごと・制度ごとの理解という観点から読み直すためのツールとして利用していただければと思う。

さらに，本シリーズの姉妹編として，『もうひとつの基本民法Ⅰ・Ⅱ』（有斐閣）と『民法のみかた――『基本民法』サブノート』（有斐閣）がある。前者は，本書での学習を終えた後に，個別テーマにつき一歩進んだ検討を行うために，後者は，本書での学習を始める前に民法の全体像をとらえるために，利用していただくことができるだろう。なお，本書中でも各UNITに関連する部分をリファーしている。具体的には，参照条文とあわせて『もうひとつⅠ-1』『みかた1-1』（『もうひとつの基本民法Ⅰ』UNIT 1，『民法のみかた』Image 1-1を示す）という形で示している。

◆ 本書による学習の後で

ここで，より進んだ学習のための文献・教材についても一言しておこう（以下に掲げるのは担保物権法を対象にするもののみ。物権法や債権総論の概説書については，本シリーズ物権編・債権編を参照。なお，出版社や刊行年は図書館などで容易に検索できるから，ここでは省略する)。

まず，民法典の**条文の変遷**を知るには，前田達明編『史料・民法典』がある。

次に，民法典の**起草者の意図**を知るためには，梅謙次郎『民法要義巻之二物権』が有益である（復刻版もあるので，図書館で探してみよう）。なお，もう一人の起草者・富井政章も『民法原論第２巻物権』を残している。我妻栄の『担保物権法（民法講義Ⅲ）』は，**古典的な見解**（多くの場合に通説）としてしばしば参照される。柚木馨『担保物権法』（高木多喜男教授による補訂がなされている）も，今日では古典になったと言えよう。

比較的最近の**概説書**としては，高木多喜男『担保物権法』，高橋眞『担保物権法』，生熊長幸『担保物権法』，七戸克彦『基本講義物権法Ⅱ』，角紀代恵『はじめての担保物権法』などがある。ほかに，民法全体（あるいはその大部分）をカバーするものの一環として，内田貴『民法Ⅲ（債権総論・担保物権）』，河上正二『担保物権法講義』，平野裕之『民法Ⅲ担保物権法』がある。これらを本書と対比すれば，民法をより立体的に理解することができるだろう。旧シリーズ「はしがき」で触れた道垣内弘人『担保物権法』にも，もう一度触れておこう。本書はその影響を強く受けている。最後に，実務への配慮の乏しい本書を補うものとして，伊藤眞ほか編著『担保・執行・倒産の現在』をあげておこう。

逐条の解説を行う**コンメンタール**としては，『注釈民法』『新版注釈民法』『新注釈民法』がある。個別の解釈問題につき詳しく知りたいときには，チェックしてみよう。この領域でもかつては優れた**講座もの**があったが（『金融担保法講座』など），いまでは古くなってしまっている。現代の状況に応じたものの刊行が望まれる。

学生向きの**演習書**としては，さしあたり民法の財産法部分をカバーする鎌田薫ほか編『民事法Ⅰ～Ⅲ』，松岡久和ほか『民法総合・事例演習』をあげておく。また，学生向きの法律雑誌『法学教室』には，制度ごとの（あるいは制度を横断した）優れた解説論文が掲載されることが多い。

なお，ゼミで小論文を書く，あるいは，卒業論文を書くという人には，学部学生にはやや高度だが，大村敦志＝道垣内弘人＝森田宏樹＝山本敬三『民法研究ハンドブック』が参考になるはずである。

■ 対照表

（民法典の編別）		（本書の章立て）
〔債権者平等の原則〕		
第３編　債　権	⇒	序
第１章　総　則		
第３節　多数当事者の債権及び債務	⇒	2
第２編　物　権		
第７章　留置権（295条〜302条）	⇒	3-1
第８章　先取特権	⇒	3-2
第９章　質　権	⇒	1-1
第10章　抵当権		
第１節　総　則（369条〜372条）	⇒	1-2-1
第２節　抵当権の効力（373条〜395条）	⇒	1-2-2・3
第３節　抵当権の消滅（396条〜398条）	⇒	1-2-1
第４節　根抵当（398条の2〜398条の22）	⇒	1-2-4
〔特別法の抵当権〕	⇒	1-2-4
〔非典型担保〕	⇒	1-3

*「1-1」は，本書の「第１章第１節」を表し，「総」「序」はそれぞれ「総論」「序章」を表す。

■ 内容関連図Ⅰ――各巻の関連

1 権利中心の見方（旧シリーズ。親族・相続を含まない）

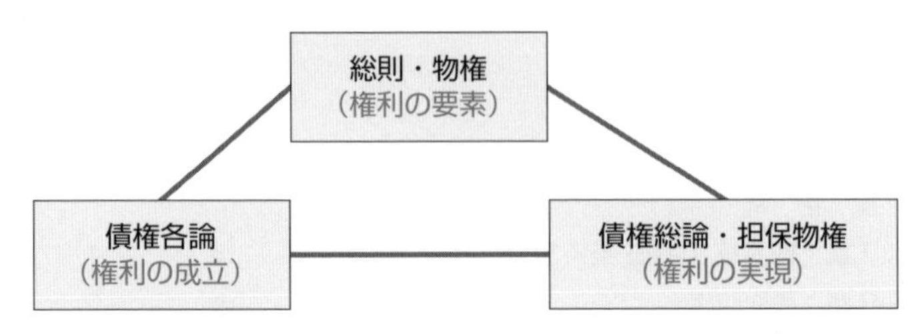

2 人中心の見方（新シリーズ。親族・相続を含む）

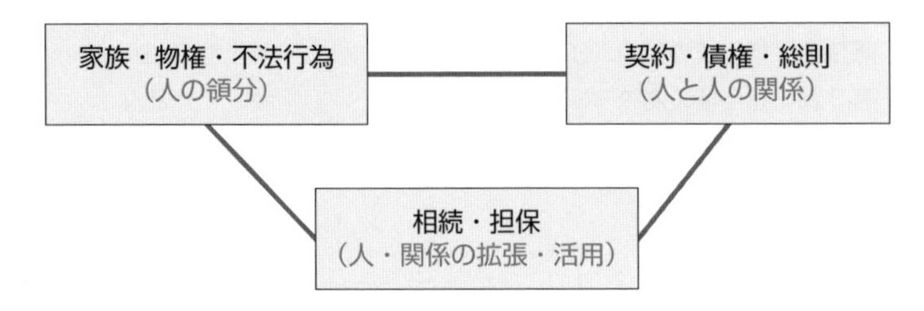

■ 内容関連図Ⅱ――本巻の内容

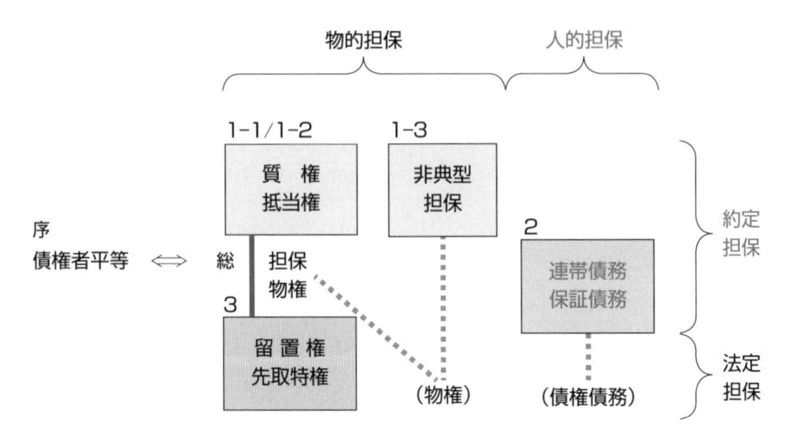

総　論　担保と担保物権

■ UNIT 1　担保と担保物権——担保とは何か？

■参照条文■　旧民法債権担保編1条1項，2条，同財産編395条
＊みかた 2-8

Ⅰ　担保の位置づけ

本書で扱うのは，いわゆる担保物権をはじめとする担保についてである。まずはじめに，本書でいう「担保」とはどのようなものか，について述べておく必要がある。それは民法の中で，「担保」というものが占める位置を明

らかにするということでもある。

1　担保物権

(1)　制限物権としての担保物権

担保の中心をなすのは，いわゆる**担保物権**である。担保物権とは，通常は，民法典の第2編「物権」中の第7章～第10章で規定されている四つの権利，すなわち，**留置権**，**先取特権**，**質権**，**抵当権**を指している。

ただし，担保物権という言葉は民法典の用語ではなく，講学上の用語である[1)]。「物権」編に定められた諸権利は，特殊な性格を持つ占有権を除くと，所有権とその他の物権とに分類される。所有権以外の物権は，所有権の権能のうちの一部を取り出したもの（その意味で完全ではないもの）として理解されて「制限物権」と呼ばれるが，これらはさらに，用益物権（物の利用に着目した権利）と担保物権（物の価値に着目した権利）とに分類されている。

(2)　優先権としての担保物権

物の価値に着目することから，それらの権利が「担保」と呼ばれることになるのはなぜか。現行民法典にはこの点を考えるための手がかりが乏しいが，旧民法には次のような規定が置かれていた。

> **旧民法債権担保編1条**　①　債務者の総財産は動産と不動産と現在のものと将来のものとを問はず其債権者の共同の担保なり。但法律の規定又は人の処分にて差押を禁じたる物は此限に在らず。
> ②　債務者の財産が総ての義務を弁済するに足らざる場合に於ては其価額は債権の目的，原因，体様の如何と日附の前後とに拘はらず其債権額の割合に応じて之を各債権者に分与す。但其債権者の間に優先の正当なる原因あるときは此限に在らず。
> ③　財産の差押，売却及び其代価の順序配当又は共分配当の方式は民事訴訟法を以て之を規定す。

1）　もっとも，民事執行法や倒産法では，担保権という用語は用いられている（民執180条以下，破186条以下，民再148条以下，会更104条以下）。

債権担保編の冒頭に置かれた1条1項には，「債務者の総財産」が「債権者の共同の担保」であるとされている。このことの意味は同条2項・3項を見ると理解される。債務者の財産がすべての義務（債務）を弁済するのに足らない場合には，財産の「価額」は債権額の割合に応じて各債権者に分与される。そのために債務者の財産を差押え・売却することができるのである。これは，債務者の財産が一定の価値を持っていることが，債権者にとっては債権実現の保障になっていることを示している。このように，売却して金銭に換えられるという物の価値に着目し，そこからの債務の弁済を期待できること，これが「担保」であるという意味である。

もっとも，これだけでは担保物権を説明したとは言えない。担保物権というのは，特定の物について，その物を差押え・売却して，特定の債権者の債権を優先的に実現する権利を指している。担保物権（たとえば抵当権）が付着する物につき差押え・売却がなされると，担保物権を有する債権者はその代価から優先的に配当を受けられる。これが，担保物権が物の価値に着目した物権であるということの意味である。言いかえるならば，債権者は**優先権の確保**のために，債務者その他の者の有する物に担保物権（たとえば抵当権）を設定するのである。

一般の債権者と担保物権を持つ債権者の関係については，もう少し説明が必要であるが，この点については後に改めて取り上げる（⇒**序章**〔UNIT 2〕）。

2 物的担保と人的担保

(1) 物的担保の創出

債務者その他の者の「物」に着目して優先権の確保をはかるという担保を**物的担保**と呼んでいる。したがって，担保物権である抵当権や質権は物的担保であると言える。

しかしながら，物的担保は担保物権に尽きるものではない。現実には，担保物権以外の物的担保が広く用いられている。民法典が想定している担保を**典型担保**と呼ぶならば，それ以外の担保は**非典型担保**ということになるが，狭い意味では，仮登記担保・所有権留保・譲渡担保など物の所有権（財産の帰属）を利用した担保を指して非典型担保と呼ぶことが多い。これらはもともとは，所有権という排他的権利を取得することを通じて，すなわち**排他性の利用**によって債権の実現をはかろうとするものであった。

このような非典型担保がなぜ好んで用いられるのか。その理由については，非典型担保の箇所で説明する（⇒**第*1*章第*3*節**〔UNIT 7，8/9〕）。

(2)　人的担保の意義

（非典型担保も含めて）担保には「物」に着目した物的担保しか存在しないのかといえば，そうではなく，このほかに**人的担保**と呼ばれるものが存在する。**保証**や**連帯債務**がその例である。これらにつき現行民法典は，第3編「債権」の第1章に規定を置いている。しかし，これらが「担保」であることは古くから認められており，旧民法においては，物的担保（物上担保）と人的担保（対人担保）とをまとめた形で債権担保編が設けられていた。次の規定がそのことを示している。

旧民法債権担保編２条　①　義務履行の特別の担保は対人のもの有り物上のもの有り。
②　対人担保は之を左に掲ぐ。
第一　保証
第二　債務者間又は債権者間の連帯
第三　任意の不可分
③　物上担保は之を左に掲ぐ。
第一　留置権
第二　動産質権
第三　不動産質権
第四　先取特権
第五　抵当権

ところで人的担保が「担保」に含められるのはなぜだろうか。すでに述べたように，担保とは，売却して金銭に換えられるという物の価値に着目し，そこからの債務の弁済を期待することであった。人的担保はこの意味での担保にはちがいないが，特定の「物」につき優先権を確保するのではなく，債務者以外の「人」を債務者に加えることによって，その人の財産からの弁済も期待できる状態を作り出すというものである。債権者は債務者以外に，保証人に対しても債権を行使することができる。これによって，債務者の財産が担保になるだけでなく保証人の財産もまた担保になる。つまり，債務者の増加によって担保となる財産を増やす。これが人的担保である。このことのより具体的な意味については，人的担保の箇所で説明する（⇒**第 *2* 章**〔**UNIT 10/11**〕）。

担保と担保責任　日本民法は，「担保」という用語を本文で述べたような意味で用いるだけでなく，「担保」の責任（572 条参照。たとえば，瑕疵担保責任などと言う）という形でも用いている。読者は，「担保」という同じ表現が，ずいぶん異なる局面で用いられているという印象を持つかもしれない。しかし，旧民法の次の規定を見れば，本書が対象とする「担保」と「担保責任」との間に，一定の関連性があることが理解されるだろう。

旧民法財産編 395 条　①　物権と人権とを問はず権利を譲渡したる者は譲渡以前の原因又は自己の責に帰す可き原因に基きたる追奪又は妨碍に対して其権利の完全なる行使及び自由なる収益を担保する責に任ず。
②　担保に 2 箇の目的あり。即ち第三者の主張に対し譲受人を保護すること及び防止する能はざりし妨碍若くは追奪に対し償金を払ふこと是なり。

「担保責任」とは，契約において一方当事者（債務者）が，他方（債権者）の地位を確かならしめるために負う付随的な義務なのである。債務者が履行したが，追奪や妨害によって債権者が満足を得られなくなった場合に，債務者はまずは第三者に対して債権者を保護する義務を負い，それが実現できなかった場合には，金銭での賠償をする義務を負うというわけである。物的担保・人的担保が（債務者その他の者の特定の）「物」や（債務者以外の）「人」に依存して債権の実現をはかろうとするのに対して，担保責任というのは，債務者自身が二次的・追加的な責任を負うことによって，債権の実現をはかろうとするものであると言えるだろう。

3　法定担保とは何か

民法典の第２編「物権」の部分には，質権や抵当権のほかに，留置権と先取特権が定められている。前二者が当事者（目的物所有者と債権者）との間での契約によって設定されるものであるのに対して，後二者は法律の規定によって当然に発生するものである。この成立の仕方の違いに着目して，質権・抵当権は**約定担保**（やくじょう），留置権・先取特権は**法定担保**と呼ばれる。なお，この用語を使うならば，非典型担保もまた当事者の約定によるので，約定担保であると言えるだろう。

ところで，留置権や先取特権は担保物権と呼ぶことができるだろうか。もちろん，民法典の規定の配置からすれば，これらは担保物権として位置づけられる。しかしながら，これらの権利には，質権や抵当権とはやや異なる面も見いだされる。たとえば，担保物権の特徴はその優先性にある。ところが，留置権には優先性が付与されていない。また，担保物権も物権である以上，一定の方法により公示がなされることが期待される。ところが先取特権の中には公示を欠くものが少なくない。他方で，立法政策的に見ると，留置権や先取特権に関しては，その効力を制限する，その種類を削減するといった考え方も有力に説かれている。

これらの点を考慮に入れると，法定担保については独立の検討が求められる（⇒**第 *3* 章**〔UNIT 12〕）。

Ⅱ　担保物権法から担保法へ

1　本書の編成

「**はじめに**」で述べたように，本書においては，物的担保にとどまらず人的担保を含めて，「担保」についての検討を行うこととする。これは教科書としては異例のことのように見えるかもしれない。しかし，従来の教科書も非典型担保を含めることによって，すでに狭義の担保物権の枠を超えている。また，保証や連帯債務を人的担保と位置づける債権法の教科書もある[1)]。さ

1）　平井宜雄・債権総論（弘文堂，第２版，1994，初版，1985）など。

らには，人的担保を含めて「担保法」を構想する教科書も現れている。

本書の叙述の順序も，すでに示唆したところであるが，改めて確認しておこう。まず出発点として，「共通の担保」に対する債権者平等の意味を確認する（**序章**〔UNIT 2〕）。その上で，物的担保（**第*1*章**〔UNIT 2〕），人的担保（**第*2*章**〔UNIT 10/11〕）の順で検討を進めるが，物的担保としては，質権，抵当権に続いて非典型担保を取り上げる一方で，法定担保に関しては，他の物的担保とは切り離して別に検討を加える（**第*3*章**〔UNIT 12〕）。

2 観点の多様性

(1) 機能的・理念的な観点

上述のように，本書は物的担保・人的担保の双方を対象とする。その理由をより積極的に述べるならば，次の2点があげられる。

第一に，物的担保も人的担保も（金銭）債権の担保であり，債権者はその双方を利用して自己の債権を確保しようとしていることに鑑みるならば，債権担保の全体像を機能的に把握するためには，物的担保だけでなく人的担保をあわせて検討することが望ましい。実際のところ，物的担保と人的担保の関係が問題として現れる場面もある。

第二に，「共同の担保」から出発して，債権者平等を克服する手段としての「特別の担保」を考えていく上でも，物的担保・人的担保の双方を考慮に入れた方がよい。また，物的担保・人的担保には，それらが担保であるということによる共通性もある。

もっとも，このような対象画定を行うことには，上記のメリットのほかデメリットもないわけではない。

(2) 物権・債権債務という観点

一方で，従来の教科書に見られる対象画定にも相応の理由がある。もちろん，法典の順序に従う，というのが最大の理由であろうが，それだけではない。抵当権を物権の一つとして位置づけることには，所有権中心の物権法を考え直すという意味がある。この試みは理論的に興味深いばかりでなく，歴史的にも正当性を持っている。特に不動産公示の歴史は抵当権と密接にかかわっている。また，保証や連帯債務を，債権債務の当事者あるいは態様の問題として扱うことも，それ自体はおかしなことではなく，むしろ必要なことであるとも言える。実際のところ，旧民法では，保証や連帯債務については，財産編人権（債権）の部と債権担保編の双方に規定が置かれていた。しかしながら，前述のメリットを重視し，本書ではあえて，法典の順序とは異なる編成を採用することにした。より一般化して言えば，教科書の編成のあり方にもかかわる点であるが，この点に関しては，本書の最後で改めて一言する（⇒**補論**〔UNIT 13〕）。

(3)　債権回収法という観点

他方で，機能的な考察を推し進めようとするならば，「担保」にとどまらず，より広く債権回収の手段を視野に入れることが考えられる。たとえば，相殺や債権譲渡，債権者代位権や詐害行為取消権も債権回収に広く用いられている。さらに言えば，民事執行手続や倒産手続に関する問題も無視しがたい重要性を持っている。債権回収法という観点に立って，これらを視野に入れた教科書も登場しているが，それには十分な理由がある。しかしながら，民法の基本部分を重視するという本書の観点からは，そこまで進むのはなかなか難しい。

MAIN QUESTION

担保とは何か？

KEY SENTENCES

■所有権以外の物権は，所有権の権能のうちの一部を取り出したもの（その意味で完全ではないもの）として理解されて「制限物権」と呼ばれるが，これらはさらに，用益物権（物の利用に着目した権利）と担保物権（物の価値に着目した権利）とに分類されている。

■債務者の財産が一定の価値を持っていることが，債権者にとっては債権実現の保障になっている。

■売却して金銭に換えられるという物の価値に着目し，そこからの債務の弁済を期待できること，これが「担保」であるという意味である。

■担保物権（たとえば抵当権）が付着する物につき差押え・売却がなされると，担保物権を有する債権者はその代価から優先的に配当を受けられる。これが，担保物権が物の価値に着目した物権であるということの意味である。

■仮登記担保・所有権留保・譲渡担保など物の所有権（財産の帰属）を利用した担保を指して非典型担保と呼ぶことが多い。

■債務者の増加によって担保となる財産を増やす。これが人的担保である。

■担保物権の特徴はその優先性にある。ところが，留置権には優先性が付与されていない。また，担保物権も物権である以上，一定の方法により公示がなされることが期待される。ところが先取特権の中には公示を欠くものが少なくない。……立法政策的に見ると，留置権や先取特権に関しては，その効力を制限する，その種類を削減するといった考え方も有力に説かれている。

■債権担保の全体像を機能的に把握するためには，物的担保だけでなく人的担保をあわせて検討することが望ましい。

■「共同の担保」から出発して，債権者平等を克服する手段としての「特別の担保」を考えていく上でも，物的担保・人的担保の双方を考慮に入れた方がよい。……物的担保・人的担保には，それらが担保であるということによる共通性もある。

TECHNICAL TERMS

担保物権　留置権　先取特権　質権　抵当権　優先権の確保　物的担保　典型担保　非典型担保　仮登記担保　所有権留保　譲渡担保　排他性の利用　人的

担保　保証　連帯債務　債務者の増加　約定担保　法定担保

REFERENCES

加賀山茂・債権担保法講義（日本評論社，2011）
加賀山茂・担保法（信山社，2009）
森田修・債権回収法講義（有斐閣，2006，第2版，2011）

最初の2冊は，担保物権法という枠組から離れて担保法を構想するもの。最後のものは，民法の枠内にとどまらず機能的な観点から債権回収に着目したもの。

序　章　債権者平等の原則
第*1*章　物 的 担 保

■ UNIT 2　債権者平等の原則と質権
――債権者平等とは何を意味するか？

序　章　債権者平等の原則
　Ⅰ　平等則の位置づけ
　　1　平等則の意味
　　2　平等則の射程
　Ⅱ　平等則の回避――担保の設定
　　1　担保の意義
　　2　担保の種類
第1章　物 的 担 保
　第1節　質　権
　　Ⅰ　序
　　Ⅱ　動 産 質
　　　1　設　定
　　　2　効　力
　　　　(1)　実行前の効力　　(2)　実行時の効力
　　Ⅲ　そ の 他 の 質
　　　1　不動産質
　　　2　権利質

■参照条文■　342条～366条
＊もうひとつⅡ-20，みかた2-5，2-6，2-7

（質権の内容）
第342条　質権者は，その債権の担保として債務者又は第三者から受け取った物を占有し，かつ，その物について他の債権者に先立って自己の債権の弁済を受ける権利を有する。
(質権の設定)
第344条 質権の設定は，債権者にその目的物を引き渡すことによって，その効力を生ずる。
(質権設定者による代理占有の禁止)
第345条 質権者は，質権設定者に，自己に代わって質物の占有をさせることができない。

序 章 債権者平等の原則[1)]

これから検討を加えるのは，債権確保のための「担保」についてである。本論に入るに先だって，「債権者平等の原則」の説明をした上で（**I**），それとの関連で「担保」とは何かを考えておくことにしよう（**II**）。

I 平等則の位置づけ

1 平等則の意味

「**債権者平等の原則**」ということが言われることがあるが，これについて定める規定があるわけではない。もっとも，旧民法（明治23年法律第28号）債権担保編の1条には次のような規定があった。

旧民法債権担保編1条 ① 債務者の総財産は動産と不動産と現在のものと将来のものとを問はず其債権者の共同の担保なり。但法律の規定又は人の処分にて差押を禁じたる物は此限に在らず。
② 債務者の財産が総ての義務を弁済するに足らざる場合に於ては其価額は債権の目的，原因，体様の如何と日附の前後とに拘はらず其債権額の割合に応じて之を

1) 鈴木禄弥「『債権者平等の原則』論序説」法曹時報30巻8号（1978），中田裕康「債権者平等の原則の意義――債権者の平等と債権の平等性」法曹時報54巻5号（2002）。

各債権者に分与す。但其債権者の間に優先の正当なる原因あるときは此限に在らず。

本条２項は，責任財産に関する本条１項とともにフランス法に由来するものであるが，現行民法典の起草過程において削除されたものである。削除の趣旨は明らかではないが，その後も起草者たちがこの原則に言及しているところからすると，これを否定するという趣旨ではなく，当然なので書かないという趣旨であったと思われる。しかし，よく考えてみるとこれは必ずしも当然のことではない。この原則を認めるためには，次のような思考の手順を踏まなければならない。

まず出発点は債権の相対性（非排他性）である。物権の場合には排他性があり目的物と権利とが一対一で対応しているが，債権の場合にはそのような対応関係は存在しない。したがって，債務者が責任財産の総量を超える債務を負うということが起こりうる。言いかえれば，責任財産と債権の結びつきは希薄なのである。こうなると，すべての債権が弁済を受けられるわけではないという事態が生ずることになる。これが議論の前提である。

◆ **債権の相対性**

① **債務者の意思への依存**　債権の相対性には，二つの側面がある。債権が人に対する権利であるということは，それが債務者の意思に依存したものであることを意味している。債権が実現するか否か（履行されるかどうか）は債務者の意思次第であり，債権者としては履行を促す，そして，不履行があれば債務者に対して強行手段（強制執行や解除）をとるしかない。このように考えると，次のような結果が生ずるはずである。

第一に，XがYに対して有するのと同一の内容の債権をZが取得することによって，Xの権利が事実上害されることがあったとしても，それがYの意思によるのである以上，Yが不履行責任を負うことはあっても，Zに何らかの責任が生ずることはない。つまり，第三者ZによってXの債権が侵害されるということはありえないはずなのである。

第二に，Xの債権は，不履行の場合，それが金銭債権であれば直接に，その他の債権であっても最終的には損害賠償請求権という形で，債務者Ｙの財産を競売に付して換価し配当を得ることによって実現される。それゆえ，債務者Ｙが債務を弁済するのに十分な財産（強制執行を想定した場合にその対象となるＹの全財産を「責任財産」と呼ぶ）を持っていないということになると，Ｘの債権には回収不能となる危険があることになる。だから，Ｘとしては，Ｙが責任財産を減らさないことを望むだろう。しかし，自分の財産をどう使うかはＹの自由であり，債権者であるというだけでＸがとやかく言える筋合いのものではない。

② **物的支配の希薄さ**　債権が人に対する権利であるということは，それが物に対する強い支配力を持たないことを意味する。このことの意味はさらに二つに分けて考えることができる。一つは，債権の目的物に対する物的支配が間接的なものにとどまるということである。確かに賃借権は物の利用に関する権利であるが，それは債務者に貸すことを求める権利であって物に対する直接の権利ではない。そうだとすると，実際に貸してもらえるか否かは債務者の意思に依存することになる。つまり，これは①の裏面にほかならない。これとは別に，もう一つ，債権の場合には，債務者の財産一般に対する支配力が弱いということが大事なことである。それゆえ，次のような帰結が生ずる。

第一に，債務者が財産を流出させるのを阻止することができない。債務者が処分した財産には債権者の手は届かないのである。第二に，自分と同様の地位に立つ債権者が増えることによって，相対的に責任財産が減っていくのを阻止することもできない。つまり，債権は，債務者の財産を引当てにしているのにもかかわらず，債権者はその財産の帰趨に直接にはかかわりえないのである。

図表 2-1　債権の相対性の二側面

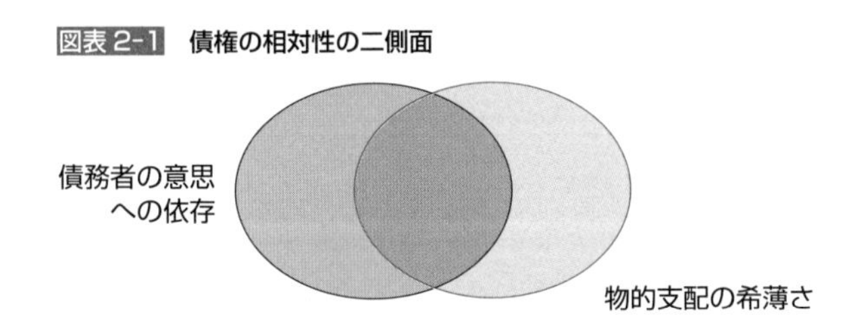

以上の二つの側面は裏表の関係であり，重なりあう部分もあるが，重ならない部分もある（図表 2-1）。

もっとも，この前提自体を疑うこともできないわけではない。責任財産以上の貸与は行わないという制度を構想することも考えられるからである。実際上これに近いのは，消費者金融の場合である。信用情報が蓄積されているので，弁済が危ぶまれる債務者には貸さないことが，一定限度では可能になっている。

しかし，貸付時に十分な信用情報が欠けていた場合，あるいは，貸付時には十分であった責任財産が後に減少した場合などには，債務超過が生じうる。そうなった場合にどうするか。考えられるルールとしては，債権発生の原因により優劣を決める（先取特権はこれに従う⇒**第 *3* 章第 *2* 節**〔UNIT 12〕），時間の先後で優劣を決める（成立の日付ではなく登記の日付であるが，抵当権はこれに従う⇒**第 *1* 章第 *2* 節第 2**〔UNIT 4〕）などがありうる。しかし，一般債権に関しては，これらのルールを採用せずに（旧民法の前掲条文はこのことを明言していた），平等に扱うという考え方をとったのである。さらに言えば，平等といってもさまざまな平等がありうる。単純な頭割も考えられるが，ここで採用されている平等は債権額に応じた比例的な平等である。

> **共同担保**　前述のように，旧民法債権担保編 1 条には「共同の担保」という言葉が現れる。ここには，債務者の総財産の状況は刻々と変化するが，ある時点での総財産がその時点で存在する総債権者の「共同の担保」であるという考え方が現れている。この考え方を媒介とすることによって，債務者に対する権利である債権が債務者の財産と結びつけられることになる。見方を変えると，債権はこの限度で間接的に債務者の財産と結びつけられているにすぎないとも言える。

2 平等則の射程

以上のような内容の「債権者平等の原則」が存在するとしても，その原則が適用される範囲を見定めなければ，その意義を理解したとは言いがたい。いくつかの局面に分けて原則の適用の有無を見ていこう。

◆ **任意履行の場合（平時）**

まず，債務が任意に履行される場合から始めよう。複数の債権者が存在するとして，どの債権者には弁済してどの債権者には弁済しないかは，基本的には債務者の意思に委ねられている。たとえば，X・YがZに対して各1000万円の債権を持っているとしよう。ZはXには弁済したがYには弁済しないとしても，Yは債権者平等の原則を援用して500万円は自分によこせと主張できるわけではない。せいぜい弁済が詐害行為にあたる場合に取消権が行使できるだけである（⇒本シリーズ債権編）。なお，X・Yの債権が同一の目的物に対する特定物債権である場合（不動産の二重譲渡のような場合）には，X・Yの優劣は登記の先後で決まるが，どちらに登記を移すかは第一次的にはZの意思に依存している（移転登記を求める訴訟は可能であるので，その場合には先に判決を得てそれにより登記を得た者の勝ちとなる）。

◆ **強制履行の場合（非常時）**

次に，強制執行や倒産の場合を考えてみよう。債権者平等の原則が意味を持つのは，実はこの局面においてである。もっとも手続に参加しない債権者には弁済はなされないので，平等といっても，それは手続に参加した者の間での平等である。

以上のように，債権者平等の原則の適用範囲はそれほど広くないとも言える。しかし，強制執行・破産という極限的な状況においては，一定の手続を踏む限り，債権者は平等に扱われるということは，それなりに大きな意味を持つ。この段階に至ると，他の債権者との関係ゆえに，自己の債権が完全に満足を得られないということが生じるからである。

II 平等則の回避——担保の設定

1 担保の意義

債権者平等の原則は，債務者に十分な財産がない場合には，わずかな財産をみんなで少しずつ分けあって，損失を負担しあうという考え方である。これは，ある意味では公平な原則であるが，非常に不安な原則でもある。自分とパイを分けあう債権者がどれだけ現れるかわからないからである。債権を持つ側（多くの場合には金銭を貸す側）としては，危険の予測がつかない。そこで，債権者としては，何とか債権の回収を確実にする方策を講じたいと考える。そのために用いられるのが**「担保」**という手段である[1]。担保には心理的なもの（側面）と物質的なもの（側面）とがある。

先に述べたように，債権者としては任意に弁済をしてもらうのが一番である。そうすれば，債権者平等の原則も普通は問題にならない。そこでまず，任意の弁済を促すために「担保」を得ておくということが考えられる。ここで大事なのは，返さないと困るという債務者の心理的事情に訴えるということなので，そのためには必ずしも客観的に見て価値のある物が必要なわけではない。結婚指輪を預かってもいいし大学の成績表を預かってもよい。あるいは，親類縁者や会社の上司の電話番号を聞いておくというのも有効かもしれない。すぐ後で述べる質権や，**第*2*章**〔UNIT 10/11〕で説明する保証人などには，このような機能がある。もっとも，いざ不履行という場合に担保を利用して優先的に債権を回収するためには，金めの物（あるいは確実にお金を払ってくれる人）を押さえておく必要がある（また逆に，金めの物を押さえられているので弁済をしなければならないと感じるという面もある）。ここでの「担保」はまさに，債権者平等の原則の適用場面でこれを回避しようとするものであると言える。

2 担保の種類

すでに述べたところでも示唆したように，担保には**物的担保**と**人的担保**とがある。このことは**総論**〔UNIT 1〕でも触れた。

先取特権（⇒**第*3*章第*2*節**〔UNIT 12〕）や質権・抵当権などのように，目的物につき他の債権者に優先して弁済を受けることができる権利を取得するのが物的担保，連帯債務・保証（⇒**第*2*章**〔UNIT 10/11〕）のように，債務者以外の者に債務者とともに債務を負担させるのが人的担保である（図表 2-2）。

このうち，物的担保は債権者平等の原則の例外をなすものとして位置づけ

1） 内田 6 頁。北川Ⅲ 245 頁以下も参照。

図表 2-2　物的担保と人的担保

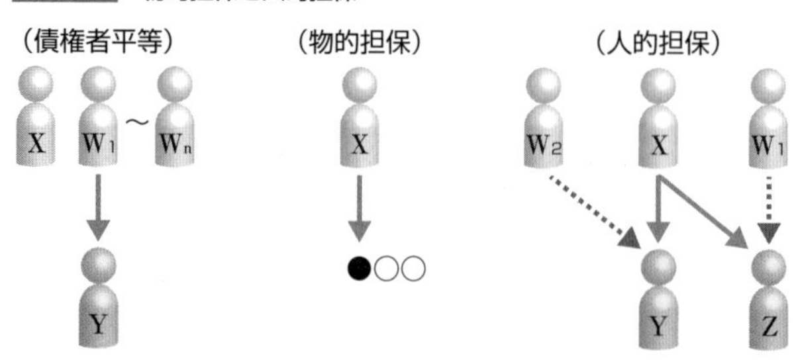

X ＝ 債権者
Y ＝ 債務者
Z ＝ 保証人
W ＝ 他の債権者

られる。債権者平等の原則は物的担保のない一般債権者の間で適用される原則であり，担保権者には適用されない（旧民法債権担保編1条2項但書）。むしろ，担保権者の優先権がまずあって，優先権の対象とはならない残った財産について債権者平等の考え方がとられているといった方がよいかもしれない。これに対して，人的担保は債権者平等の原則とは次元を異にする。XがYにお金を貸してZを保証人としたとしよう（記号は図表 2-2 と対応）。この場合に，Zの一般債権者 W_1 と比べて，Xはなんら有利な地位には立たない。しかし，Yの一般債権者 W_2 と比べるならば，Yの責任財産については平等の地位に立つものの，Zの責任財産をも当てにすることができるという意味ではXは有利な地位に立つ。

つまり，責任財産は増えないが優先的地位を確保するのが物的担保，地位は変わらないが責任財産を増やすのが人的担保であると言うことができる。債権者平等の原則を回避すると言っても，回避の仕方は異なっているのである（バレンタインデーに配る義理チョコをAさんは3個持っている。予めAさんに頼んでチョコレートの箱に「大村先生用」と書いておいてもらうのがいわば物的担保，同じく3個のチョコを持っているBさんやCさんにも「よろしくね」と言っておくのがいわば人的担保というところだろう）。

第1章 物的担保

第1節 質　権

I 序

質権（その由来・歴史的位置づけにつき⇒**第3節第1**〔UNIT 7〕）は，抵当権との対比という観点から見た場合に理論的な興味はあるものの，実際上の重要性は今日ではあまりない。その理由は，抵当権が占有移転を要しないのに対して，**質権**は占有移転を要するという質権の本質に由来する。債務者としては，目的物の継続利用を妨げられる質権は使いにくいのである。たとえば，営業用機械を質入れしてしまっては営業を続けることができなくなってしまう。質権の目的物としては，いま例にあげた動産のほかに不動産や権利もありうるが，不動産質権の登記数を抵当権の登記数と比べると，両者の重要性の違いがよくわかる。統計によると[1]，抵当権（根抵当権を含む）の登記数が130万件を超えているというのに対して，不動産質権の登記数は600件に満たないのである（ただし，以前に比べると増えている）。

もっとも権利質についてはかなりの利用がなされているという。ただし，これも証券の質入れが多いようであり，そうなると商法の問題となる。また，通常の債権に対する質権設定は債権譲渡担保とほぼ等しい。それゆえ，債権質に関する問題については，必要に応じて債権譲渡担保のところで触れることにする（⇒**第3節第3**〔UNIT 8/9〕**Ⅲ2**）。

このような理由により，以下においては，基本型をなす動産質について簡単に説明した上で（Ⅱ），不動産質・権利質については一言ずつ触れるにと

1） 道垣内84頁による。

どめる（Ⅲ）。

Ⅱ 動産質

設定と効力に分けて見ていく。消滅については，独立に論ずべき点は特にない。

1 設定

◆ 要件

動産質は，債権者と目的物を所有する者（債務者または第三者。**質権設定者**と呼ばれる）との合意（設定契約）によって設定される。なお，質権の効力は目的物の引渡しによって生ずる点に注意を要する（344条）。この場合の引渡しには占有改定（⇒本シリーズ2物権編）は含まれない。質権設定者による目的物の代理占有が禁じられているからである（345条）。質権を認めるには，少なくとも設定者から物を取り上げることが必要だという趣旨であろう。なお，指図による占有移転（⇒本シリーズ2物権編）は可能であるが，この場合には二重に引渡しがなされることが生じうるので，複数の質権が成立することになる。その優劣は設定の前後によって決まる（355条）。ここで言う「設定」は合意（設定契約成立）ではなく引渡し（質権成立）を指している。

質権設定契約＋引渡し ⟶ 質権設定（＝効力発生）

質権の目的物からは譲渡のできない物が除かれている（343条）。質権実行による所有権移転と両立しないからである。たとえば，麻薬などの禁制品がこれにあたる。また，特別法によって質権設定が禁じられている場合もある。たとえば，登録済自動車や既登記の建設機械などがその例である。これらについては動産抵当制度があるので，それによらせる趣旨である。なお，他人の物を目的物とした場合にも192条・94条2項類推によって質権が成立することがある。被担保債権に関しては特に説明すべきことはない。

動産質権の対抗要件は目的物の継続的占有であるとされている（352条）。

◆ **占有の意義**　このこととの関連で，動産質権の成立・存続・対抗における**占有の意義**につき，もう少し説明を補っておく。344条に関しては占有は質権の成立要件ないし効力要件とされているのが，352条では対抗要件とされている。では，両者の関係はどうなるのか。具体的には，質権成立後に占有が失われた場合にはどうなるのかが問題となる。

第三者との関係では，占有が失われた場合には質権を主張できないことには異論はないだろう。規定上は352条からこの結論は導かれる。まず，当事者間での関係はどうか。当事者間ではいったん占有を取得すればよくて占有を継続する必要はないのか（たとえば質物をいったん設定者に返しても質権の効力は失われないか)。質権の効力はなくなるというのが通説だとされている。344条だけでなく345条や353条をあわせて考えるとそう解するべきだと考えるのである。そうだとすると，第三者との間の関係でも効力がないと言ううべきであり，効力はあるが対抗できないと言う必要はないことになろう。

ところで，以上のことは当然には，占有が失われれば質権が完全に消滅することを意味しない。最近の学説は，占有が質権設定者に戻った場合，質権の効力は失われるが設定契約の効力は失われないと考えるならば，契約に基づいて質物の引渡請求を認めることができると説く[1]。こう考えるのと，占有が失われても当事者間では質権は存続し，第三者には対抗できないと考えるのとでは，違いはわずかである。しかし，最近の考え方には，物権としての質権と占有との結びつきは重視しつつ，妥当な結論を導くために物権法では見過ごされがちである設定契約の効力に注目するという姿勢が見られ，興味深い。この最後の点は抵当権でも問題になる。

なお，留置権者が留置物を所有者に返した場合との異同という問題も出てくるが，各自で考えてみてほしい。

1）道垣内87-88頁。内田594頁も同旨。ただ，厳密に言うと契約の連続性に関する評価がやや違う。道垣内説はもとの契約に包摂するのに対して，内田説は新たな契約を観念している。

◆ **効力の及ぶ範囲** 動産質権の効力は，引き渡された動産に付合した物，主物とともに引き渡された従物に及ぶ（243条・87条2項）。効力が及ぶ被担保債権の範囲は346条に定められているが，抵当権の場合（375条）に比べて広い。質権の場合には，後順位者が生ずることは少ないし，一般債権者も質物からの回収を期待していないからであるとされている。

2 効　力

(1) 実行前の効力

対抗要件を備えた質権には**追及効**（**追及力**と呼ばれることもある）があるので，目的物の所有権を得た者（第三取得者）は質権の負担を負う。つまり，質権が実行されれば所有権を失う。なお，**物上代位**（⇒**第3章**〔UNIT 12〕**第2節Ⅱ2**(2)）も認められるが（350条→304条），追及効があるので売買代金への代位は認める必要がない。また，設定者が質権者の占有する質物を賃貸することは考えにくいが，当初から賃貸している目的物につき，指図による占有移転によって質権を設定することはありうる。しかし，この場合には，後で触れる（⇒(2)）果実収得権の問題として考えれば足りる（350条→297条）。さらに，質権には**物権的請求権**も認められるが，動産質権につき質権者が占有を奪われた場合には，質権に基づく返還請求はなしえず，占有回収の訴えによるほかない（353条）。

さらに2点を付け加えておく必要がある。

第一は，質権には**留置的効力**があるということ。弁済がなされるまでは質物全部を留置することができる（347条本文）。ただし，留置権とは異なり，自己に優先する権利を有する者の執行を阻止することはできない（347条ただし書）。留置に伴う権利義務については留置権の規定が準用される（350条→298条・299条）。

第二に，**転質**が可能であるということ。この点は第一点とも関連する。留置権と全く同様に考えるならば，298条2項により質権者は設定者の承諾なしに質物を担保に供することはできないはずである。しかし，348条は，質権者の責任において「質物について，転質をすることができる」としている

（したがって，298条2項は準用されない）。承諾はいらないが，不可抗力などによる被害についても質権者は設定者に対して責任を負うことになる。なお，転質の法的性質に関しては議論があるが，立ち入らない[1]。

(2) 実行時の効力

質物の競売によって**優先弁済**を受けられることは明らかである（342条）。また，質物の果実についても優先弁済受領権がある（350条→297条）。

正当な理由がある場合には，鑑定人の評価に従って質物を直接に弁済に充当することを裁判所に請求することができる（354条前段。「**簡易な弁済充当**」と呼ばれる）。質物の価額が低くて競売の費用に見合わない場合などに用いられる。この手続によるときには設定者の同意は不要だが，通知はしなければならない（354条後段）。

さらに簡易な方法としては，債務不履行の場合には質権者は質物の所有権を取得するという約定をすることが考えられる。しかし，この約定（「**流質契約**」と呼ばれる）は禁止されている（349条）。349条は，原案にはなく帝国議会において加えられた規定であり，弱者保護のためのものであるとされている。ただし，商人間や営業質屋に関しては，このような約定も認められている[2]。

なお，設定者破産の場合には別除権として，会社更生の場合には更生担保権として，質権は保護される。詳細については倒産法の教科書に委ねる。消滅原因に関しては，特に述べることはないが，被担保債権が譲渡されると質権もそれに伴って移転する（**随伴性**）。これは，**付従性・不可分性**とともに担保物権に共通の性質であるとされている。

Ⅲ その他の質

1 不動産質

不動産質権の対抗要件は登記である。特に規定はないが一般の原則（177

1） 内田603-604頁，道垣内100-101頁の注（＊）を参照。
2） 商法515条，質屋営業法1条・18条を参照。

条）に従う。動産質権とは異なる重要な点である。ほかには次の2点のみに触れておく。一つは，不動産質権者には，目的物を留置するだけでなく，これを使用し収益を得る権限が与えられていること（356条）。動産と異なり使用収益を行っても価値が減ずることはないし，放置するよりも使用収益によって債権への充当を行う方が債務者の利益にもかなうからである。もう一つは，不動産質権の存続期間は最大10年とされていること（360条）。あまり長く債権者に委ねると，さすがに価値が減ずるおそれが出てくるからだとされている。なお，不動産質権には抵当権の規定が準用される（361条）。

2　権利質

権利質は物を目的物とするものではないので，その物権性に疑問がないわけではない[1]。起草者も権利質は動産質・不動産質とは異質なものと考えていた（342条は権利質を含んでおらず，362条2項によって動産質・不動産質の規定が準用されている）。しかし，どのような形であれ，ここで物権の法技術が用いられていることは間違いない。

特殊な規定としては，対抗要件に関する規定（364条。債権譲渡の対抗要件に関する467条と同じ処理がされている）のほか，質権者に質権の目的たる債権の取立て，弁済への充当を認める規定が置かれている（366条）。

権利質の物権性　対象の性質から見ると権利質の物権性には疑問があるが，対象の支配の方法に着目するならば，権利質は対象の排他的支配（帰属）を生み出しているという意味で，物権的な性質を帯びる。同様のことは，債権譲渡を利用して行われる債権譲渡担保にもあてはまる。債権譲渡担保（⇒**第*3*節第3**〔UNIT 8/9〕Ⅲ**2**）が動産譲渡担保の延長線上に位置づけられ，「物的担保」として扱われるのは，排他的支配（帰属）を可能にするからにほかならない。

民法旧363条の改正　2003年の改正によって，旧363条は修正された。従前は，一般の債権についても，証書がある場合にはその交付が必要である（効

1）　鈴木・物権278頁。

力要件）とされていたが，これには批判も強かった。改正法においては「譲り渡すにはその証書を交付することを要するもの」に限って証書の交付が要求されるに至った。さらに，今日では債権法改正により民法363条は削除されている。

MAIN QUESTION

債権者平等とは何を意味するか？

KEY SENTENCES

■債権が人に対する権利であるということは，それが債務者の意思に依存したものであることを意味している。

■債務者の財産一般に対する支配力が弱い。

■（債権者の）平等といっても，それは手続に参加した者の間での平等である。……しかし，強制執行・破産という極限的な状況においては，一定の手続を踏む限り，債権者は平等に扱われるということは，それなりに大きな意味を持つ。

■責任財産は増えないが優先的地位を確保するのが物的担保，地位は変わらないが責任財産を増やすのが人的担保である。

■目的物の継続利用を妨げられる質権は使いにくい。

TECHNICAL TERMS

債権者平等の原則　担保　物的担保・人的担保　質権　質権設定者　占有の意義　追及効（追及力）　物上代位　物権的請求権　留置的効力　転質　優先弁済　簡易な弁済充当　流質契約　随伴性　付従性・不可分性　動産質・不動産質・権利質　（不動産質権の）対抗要件

■ UNIT 3　抵当権の概観――抵当権とはいかなるものか？

第1章　物的担保
　第2節　抵当権
　　第1　概　観
　　　Ⅰ　設　定
　　　　1　設定契約
　　　　　(1)　合　意　(2)　対　象　(3)　対抗要件
　　　　2　効力の及ぶ範囲
　　　　　(1)　目的物の範囲　(2)　被担保債権の範囲
　　　Ⅱ　効　力
　　　　1　優先弁済効
　　　　　(1)　優先弁済の実現　(2)　買受人の地位
　　　　　(3)　一般債権者としての権利行使
　　　　2　その他の効力
　　　Ⅲ　消　滅

■参照条文■　369条～371条，373条，375条，390条，396条，397条

＊もうひとつⅡ-20，みかた2-6

（抵当権の内容）

第369条　①　抵当権者は，債務者又は第三者が占有を移転しないで債務の担保に供した不動産について，他の債権者に先立って自己の債権の弁済を受ける権利を有する。

②　地上権及び永小作権も，抵当権の目的とすることができる。この場合においては，この章の規定を準用する。

（抵当権の効力の及ぶ範囲）

第370条　抵当権は，抵当地の上に存する建物を除き，その目的である不動産（以下「抵当不動産」という。）に付加して一体となっている物に及ぶ。ただし，設定行為に別段の定めがある場合及び債務者の行為について第424条第3項に規定する詐害行為取消請求をすることができる場合は，この限りでない。

第371条　抵当権は，その担保する債権について不履行があったときは，その後に生じた抵当不動産の果実に及ぶ。

第2節　抵　当　権

抵当権は，関連規定が整っており，利用頻度も高い。理論的にも実務的にも抵当権は担保物権の中心をなすものであり，「担保の女王」とでも言うべきものである。それゆえ，抵当権に関する制度や理論は，他の担保物権に比べて著しく発達しており，かなり細かい技術的な，同時に実務的には重要な問題が少なくない。以下においては，そのうちの主要なものを取り上げるが，次々と難問を紹介するというのでは，木を見て森を見ずということになりかねない。

そこで，本節では，次の順序で説明を行う。「**第1**」では設定・効力・消滅に分けて，抵当制度の骨格部分を概観することにする（Ⅰ～Ⅲ)。その上で，「**第2**」〔**UNIT 4**〕「**第3**」〔**UNIT 5**〕では「設定者との利害調整」「競合債権者との利害調整」という観点から，いくつかの問題を各論的に取り上げて検討する。そして，「**第4**」〔**UNIT 6**〕で「特殊な抵当権」の説明を行う。

担保・執行法制の改正　2003年に行われた担保・執行法制の改革（2003年8月1日公布の平成15年法律第134号により，民法・民事執行法などを改正）は，抵当権を中心に，民法の担保物権の部分に重要な改正を加える大改革となった。その内容の一部分は後に取り上げるが（債権質に関する改正)，主要部分は，本節で取り上げることになる（「**第2**」で取り上げる抵当権消滅請求権・短期賃貸借・担保不動産収益執行や「**第4**」の一括競売などに関する改正)。具体的な説明はそれぞれの箇所で行うこととして，ここでは，この改正の背景に関する次の叙述を引用しておこう。「その（改正の）理由は，根本的には，不動産価格の下落，長引く不況の中で増大した不良債権の回収を効果的に進めるため，抵当権実行に対する妨害を防止し，また，不動産の競売を促進し，明渡しを簡易・迅速化する必要があったことにある。この必要性は，まさに国民的な関心事になっていた」[1)]。

1)　道垣内弘人＝山本和彦＝古賀政治＝小林明彦・新しい担保・執行制度（有斐閣，補訂版，2004）3頁。なお，同書は，改正前の状況・改正の経緯も含めた説明をしており，わかりやすい。改正法に関する本書の説明のほとんどはこれによる。

第1 概 観

I 設 定

1 設定契約

(1) 合 意

抵当権は，債権者（抵当権者）と債務者または第三者（抵当権設定者）との間で締結される**抵当権設定契約**によって設定される。正面からこのことを定めた規定はない（質権の場合も同じ）。しかし，関連規定を全体として見れば，このことが前提になっていることは明らかである。具体的には，たとえば，370条ただし書は「設定行為」，373条は「設定」という用語をそれぞれ用いている。

なお，債務者自身ではなく第三者が設定者となることも可能であることは369条1項に明記されている。このような第三者を「**物上保証人**」と呼ぶ。物上保証人が債務者のために弁済したり抵当権の実行によって目的物の所有権を失った場合には，債務者に対して求償権を行使することができる（372条→351条。質権の場合も同様）。この求償に関しては保証人の場合と対比して考える方がよいので，保証のところであわせて説明する（⇒**第*2*章第*1*節**〔UNIT 10/11〕 I 2(3)，Ⅲ）。

設定契約は諾成契約であり，特別の方式に従う必要はないし，目的物の占有移転も必要ではない。後者については369条1項が明言しているが，この点に抵当権の大きなメリットがある。すなわち，設定者は目的物の使用収益を継続することができるのである。

(2) 対 象

抵当権の対象に関しては，目的物と被担保債権について触れる必要がある。これらは，約定担保物権である抵当権の場合には（質権も同じ），当事者が契約（設定契約）によって決めるのが原則である。ただし，権利の性質に由来する制約が目的物・被担保債権の双方に存在する。順に見てみよう。

◆ 目的物

抵当権の目的物となりうるのは不動産（所有権）および地上権・永小作権であるが（369条1項2項），実際には，地上権・永小作権を目的物とする抵当権が設定されることはほとんどないという。それゆえ，以下においては専ら不動産（所有権）を目的物とする抵当権を念頭に置くこととする。目的物に関しては次の3点に触れておく。

第一に，民法上は動産を単独で抵当権の目的とすることはできない。先に述べたように，抵当権は占有の移転を伴わないので，その公示は登記によって行われる。それゆえ登記のできない動産は抵当権の目的物たりえない。ただし，すでに触れたように，今日ではある種の動産については登録制度が発達している。そうなると動産を目的物とする抵当制度を構築することも可能になる。現に特別法による特殊な動産抵当制度が設けられている。これについては，「特殊な抵当権」として後に説明する（⇒**第4〔UNIT 6〕Ⅱ**）。

第二に，登記可能性と関連するが[1)]，不動産であっても抵当権の登記が可能な場合でなければ抵当権の目的物とすることができない。一筆の土地・一棟の建物の一部については，分筆登記や分割・区分の登記が可能であれば抵当権の設定も可能である。これに対して，量的な一部（たとえば，建物の3分の1）については登記実務はこれを否定している。ただし，共有持分に対する抵当権設定は認められており，限界は微妙である。なお，関連して，主従のない二つの建物が一つに合棟された場合はどうなるかという問題があるが，判例は建物価額に応じた持分上に抵当権は存続し続けるとしている（最判平6・1・25民集48-1-18）。

第三に，同一の不動産を目的物として複数の抵当権を設定することも可能である（**図表3-1** 左図）。複数の抵当権の優劣は登記の順序によって決まる（373条）。この点は後で対抗要件のところで述べる（⇒**(3)**）。また，同一の債権を被担保債権とする複数の抵当権を異なる不動産に設定することも可能である（**図表3-1** 右図）。これは共同抵当と呼ばれるが，実行に関して特殊な

1） 道垣内126-127頁注（＊）を参照。

図表 3-1 複数の抵当権の関係

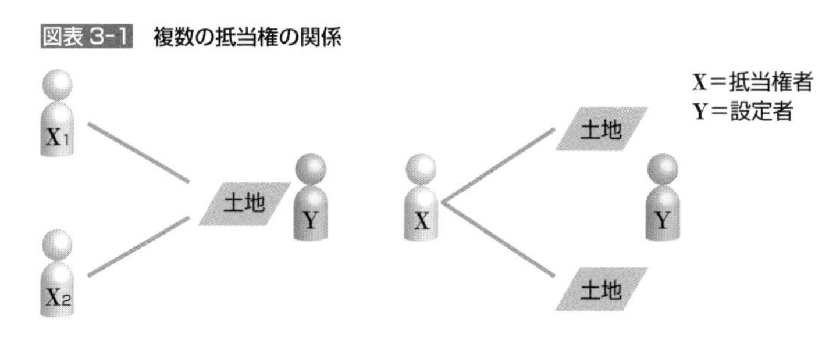

問題がある（392条）。これについては後に説明する（⇒**第3〔UNIT 5〕Ⅰ**）。

◆ 被担保債権

被担保債権については，二つの問題に触れておこう。

第一は，被担保債権の数量に関する問題である。一つの抵当権は必ず一つの債権を担保するというわけではない。一つの債権の一部（1億円の債権のうちの5000万円）を被担保債権とすることも可能であり，また，複数の債権（5000万円の債権を2個）を被担保債権とすることも可能である。登記可能性や実行につき問題がないからであるとされている。なお，細かい問題だが，後者の場合に，債務者は同一である必要はないが，債権者は同一でなければならないというのが登記実務の取扱いのようだが，異論もある1)。

第二に，抵当権の付従性に関連する問題がある。ここで問題となるのは「成立における付従性」である。抵当権は債権の担保のための権利なので（369条），被担保債権が存在しなければ抵当権を設定しても無効となる。ただし，付従性の要請は緩やかに解される傾向にある。この点に関して二つのことを述べておく。

一つは，被担保債権の消滅に伴って別の債権が発生したという場合には，抵当権は新たな債権を担保するものとして扱われうるということ。最判昭44・7・4民集23-8-1347［Ⅰ 84］〈15〉がこれに関する判例である。ここで問題となったのは，貸金債権が無効とされた結果として生ずる不当利得返還請求権であるが，判例は両者の経済的関連性を重視して信義則を理由に担保

1) 道垣内128-129頁。

権設定者の無効の主張を斥けた。学説の中には，さらに進んで，二つの債権には同一性があるとして，抵当権は有効に成立しているとするものもある。

もう一つは，将来の債権，条件付の債権であっても，債権発生の原因となる法律関係が存在すれば抵当権の設定は可能であるということ。金銭消費貸借契約においては，まず抵当権を設定した後で金銭の交付をするのが普通だろうが，要物性を厳格に要求するならば，契約成立前（すなわち債権発生前）に抵当権が設定されていることになり，その効力に疑義が生ずる。しかし，諾成的消費貸借も許されるということで（新587条の2第1項は，このことを明示した），抵当権も有効とされている。もし，要物性が要求されるとしても，将来の発生が確実な債権として抵当権は有効とされるだろう。

(3) 対抗要件

抵当権の設定を第三者に対抗するには登記を要する。177条の適用による。登記事項は不動産登記法によって法定されている（登記簿の記載例については，39頁を参照）。登記に関しては3点を述べておく。

第一に，すでに述べたように，同一の不動産に複数の抵当権が設定されることもありうるということ。その場合には，登記の先後が権利の優劣を決める（373条）。これを**抵当権の順位**という（**図表3-2**。「○番抵当権」という表現を用いる）。抵当権の実行に際してはこの順位に従って配当がなされる。いったん決まった順序は前後が入れ替わらないのが原則であるが（**順位確定の原則**），先順位の抵当権が消滅すると，順序を維持したまま順位は繰り上がる（**順位上昇の原則**）。

図表3-2 抵当権の順位

不動産価格　1億2000万 ⟶ 9000万（価格下落）

1番＝A（5000万）＝5000万	⟶ Aに弁済 ⟶	1番＝B
2番＝B（3000万）＝3000万		2番＝C
3番＝C（2000万）＝1000万		

＊（ ）内は債権額を表す。

ただし，合意による変更や抵当権の処分により順位を変えることは可能であるが，これについては後に説明する（374条1項・376条）（⇒**第3〔UNIT 5〕Ⅱ**）。

登記事項証明書出力例(土地)

特別区西都町1丁目1−1　　　　全部事項証明書　　（土地）

【 表 題 部 】 （土地の表示）				調製 余白	地図番号 余白
【不動産番号】	0 1 1 4 0 0 0 0 0 0 0 0 1				
【所　在】	特別区西都町一丁目			余白	
【① 地 番】	【② 地 目】	【③ 地 積】 m²		【原因及びその日付】	【登記の日付】
1番1	宅地	450	06	不詳	平成9年9月8日
【所 有 者】	特別区東都町一丁目10番6号　乙号太郎				

【 権 利 部 （ 甲 区 ） 】 （所有権に関する事項）				
【順位番号】	【登記の目的】	【受付年月日・受付番号】	【原　因】	【権利者その他の事項】
1	所有権保存	平成11年1月11日受付 第1001号	余白	所有者　特別区東都町一丁目10番6号 乙号太郎
2	所有権移転	平成16年6月6日受付 第6006号	平成16年6月6日贈与	所有者　特別区東都町一丁目10番6号 乙号花子

【 権 利 部 （ 乙 区 ） 】 （所有権以外の権利に関する事項）				
【順位番号】	【登記の目的】	【受付年月日・受付番号】	【原　因】	【権利者その他の事項】
1	抵当権設定	平成12年2月2日受付 第2002号	平成12年2月1日金銭消費貸借同日設定	債権額　金2,000万円 利息　年5・2% 損害金　年14・5% 債務者　特別区東都町一丁目10番6号 乙号太郎 抵当権者　特別区東都町一丁目1番1号 株式会社東都銀行 （取扱店　北口支店） 共同担保　目録(な)第3161号

これは登記記録に記録されている事項の全部を証明した書面である。

平成○○年○月○日
特別法務局特別出張所　　　登記官　　　登記太郎

第二に，無効登記の流用という問題がある。後で述べる消滅にも関連するが，被担保債権が消滅すると抵当権も消滅する。しかし，登記はそのまま残しておいて，他の債権を被担保債権とする抵当権のために登記を流用する合意が当事者間でなされることがある。登記費用を節約するとともに従来の順位を確保しようというのがその趣旨である。これを認めると抵当権の付従性を覆すことになるが，はたして これが認められるか否か，認められるとすればそれはどのような場合かは大きな問題である。この問題は，根抵当に連なる問題であるので，後述の「特殊な抵当権」のところで，その前提問題として説明することにし（⇒**第4**〔UNIT 6〕**Ⅰ2**），いまは問題の指摘にとどめる。

第三に，未登記抵当権はいかなる効力を有するかという問題がある。これは設定契約と対抗要件の関係にかかわる問題であるが，具体的には根抵当権の被担保債権をめぐって意識される問題なので，やはり根抵当のところで論ずる（⇒**第4**〔UNIT 6〕**Ⅲ1**(2)）。

2 効力の及ぶ範囲

抵当権の効力の及ぶ範囲は，本来，設定契約で決められるはずである。しかし，民法は，この点に関する規定を置いている。それらの規定は，一面では当事者の意思を補充する意味を有するが，他面，関係者の利害を公平に調整するという意味をも持っている。

(1) 目的物の範囲[1]

抵当権の効力が及ぶのは抵当権が設定された不動産ではないのかと思うかもしれない。おおまかに言えばそうなのだが，より正確には，当該不動産に限らず，これに付随する若干の物にも抵当権は及ぶ。当該不動産に付属している物のうちどの範囲の物に抵当権は及ぶかというのが，ここでの問題である。具体的に問題になるのは，付加一体物（370条）と果実（371条）の取扱いである。順に見ていこう。なお，このほかに代償物があげられることもあるが，これは物上代位の問題（372条→304条）として後で説明したい（⇒**第2**〔UNIT 4〕**Ⅱ2**）。

1） 角紀代恵「民法370条・371条」民法典の百年Ⅱを参照。

◆ 付加一体物

抵当権は「その目的である不動産に付加して一体となっている物」に及ぶ（370条本文）。これを「**付加一体物**」と呼んでいる。では付加一体物とは何か。この問題を考えるに際しては，従物（87条）・付合物（242条）との関係を考慮に入れる必要がある。

まず，**付合物**の場合には目的不動産の一部をなすものとして抵当権の効力が及ぶと解されている。この点は，抵当権設定の前に生じた付合か，その後に生じた付合かにかかわらない。次に，**従物**であるが，設定時にすでに存在する従物に効力が及ぶことに争いはない（判例としては，最判昭44・3・28民集23-3-699［Ⅰ 85］〈16〉など）。これに対して，設定後の従物に関しては議論があった。大審院判決の中には設定後の従物には抵当権は及ばないとするかに見えるものもある（大判昭5・12・18民集9-1147。建物との関連性の強い「建物の内外を遮断する建具類」を問題にし，これらについて抵当権は及びうるとしているが，従物一般については及ばないという前提に立つようにも見える）。しかし，最高裁には判決はなく，学説の多くは設定後の従物にも抵当権の効力は及ぶと解するに至っている。そうしないと，たとえば畳や建具が入れ替えられたときに，旧来の物には効力が及んでいたが，新しい物には及ばないということになり不都合であるというのがその理由である。

このような結論自体は，今日ではほぼ安定していると言ってよい。問題はむしろ法律構成（適用条文）にある。従物に効力が及ぶのは370条によってか87条によってかが争われているのである。370条の「付加一体物」の概念をどう解するかを問題とすれば足り，87条を持ち出すまでもないというのが現在の通説であるが，この問題の背後には，370条はフランス法に由来するが，87条はドイツ法に由来するという事情がある。

性質上は付加一体物にあたるとしても，設定行為で抵当権の効力が及ばないとすることは可能である（370条ただし書）。ただし，その旨の登記なしには第三者に対抗できない。なお，もう一つの例外があるが規定を読んでおいてほしい（370条ただし書）[1]。

1） その趣旨につき，道垣内145頁など。

以上のほかに，目的物からの分離物に抵当権の効力が及ぶかという問題があるが，これは抵当権侵害の問題として，後に扱うことにする（⇒**第2**〔UNIT 4〕Ⅱ**1**）。

◆ **土地と建物の関係** 日本法では土地と建物とは別個の不動産とされ，一方に設定された抵当権は他方に及ばない。370条がこのことを示している。土地抵当権は建物に及ばないのである。そうである以上，逆も当然で，建物抵当権は土地に及ばない。しかし，借地上に建てられた建物に設定された抵当権は賃借権には及ぶと解されている。この場合，賃借権は**従たる権利**と呼ばれ従物と同様に扱われるのである（判例として，最判昭40・5・4民集19-4-811［Ⅰ86］〈25〉）。なお，これと関連して法定地上権の問題が出てくるが（388条），これについては，「特殊な抵当権」の前提問題として後に説明することにする（⇒**第4**〔UNIT 6〕Ⅰ**1**）。

◆ **果　実** 抵当権の効力は果実には及ばないのが原則である。抵当権は設定者に目的物の使用収益を継続することを認めるものだからである。ただし，抵当権の実行が始まった後は設定者の果実収得権も否定されるものとされていた（旧371条1項但書〔以下，2003年改正前の条文には「旧」と付した〕）。少なくともこの局面に至ると，競売手続の円滑な進行が優先すると考えられたわけである。さらに2003年改正により，現在では被担保債権の不履行の時点から抵当権の効力は果実に及ぶとされている（371条）。

果実に関しては，**天然果実**のほかに**法定果実**（抵当不動産の賃料など）が問題とされた。判例およびかつての通説は法定果実は371条の果実に含まれず抵当権の効力が及ばないとしてきた。判例（大判大2・6・21民録19-481〈26〉）は，371条が370条の例外をなすという条文の順序を重視して，旧371条の「果実」は370条が問題とする付加一体物たる果実＝天然果実に限られるとした。かつての通説は，これとは別に，賃料につき物上代位が可能だとすると，抵当権の効力は賃料＝法定果実に及んでいるという理屈を立てていた。しかし，2003年改正によって371条は全部改正され，新371条においては，最初に述べた抵当権の制度趣旨（＝設定者による使用収益の継続）を尊重して371条の果実には法定果実も含まれるとしつつ，果実にも被担保債権の不履行の時点から抵当権の効力が及ぶことが明示された。

(2)　被担保債権の範囲

この点についても，設定行為によって被担保債権と定められたものが被担保債権となるはずだと思うかもしれない。その通りである。しかし，ここにも問題がないわけではない。

第一は，設定行為で被担保債権とされていても，優先権が生じるのは登記がされた範囲においてであるということである。実際の債権額や利率を下回る額や率が登記されている場合には，その限度でしか優先権は生じない。第二に，利息・遅延損害金については，登記がされていても，優先権が与えられるのは最後の2年分に限られている（375条1項2項各本文)。これらを無限に認めると，債務額が予想外に拡大することがあり，後順位担保権者・第三取得者の利益を損なうからだとされている。

Ⅱ　効　　力

1　優先弁済効

(1)　優先弁済の実現

抵当権の効力の中心をなすのは**優先弁済効**（優先弁済力・優先権）である（369条1項)。この権利の実現には二つのルートがある。一つは，抵当権者が自分で競売（**担保権の実行としての競売**）等を申し立てて売却代金から優先弁済を受けるという方法である。もう一つは，他の債権者が競売を申し立てた場合であるが，この手続においても抵当権者は優先弁済を受けることができる。なお，競売「等」としたのは，後述のように（⇒**第2〔UNIT 4〕Ⅱ2(2)**)，2003年改正によって，競売以外の方法がもう一つ設けられたからである（民執180条以下)。

担保権の実行としての競売手続は強制執行としての競売に準ずる（民執188条)。手続の詳細（同条以下）は民事執行法の教科書などに譲るとして[1]，

1）　中野貞一郎＝下村正明・民事執行法（青林書院，2016）など。道垣内200-205頁の説明も参照。

アウトラインだけを述べておく。

競売開始決定 ⟶ 売　却 ⟶ 売却許可決定
代金納付 ⟶ 配　当

まず，前提であるが，担保権実行には債務名義（確定判決など）が不要である。必要な書類については民事執行法181条に規定がある。適法な競売申立てがなされると，管轄の地方裁判所が競売開始決定をし（民執44条・45条），実際に競売が行われる（民執64条〜67条）。その際には，抵当不動産の第三取得者も買受人となりうる（民390条）。抵当権者も競落できるとされており実例も多い。物上保証人も競落できるが，債務者はできない（民執68条）。買受人が決まると売却許可決定がされて代金が支払われる（民執78条）。この代金が順位に従って配当される（民執84条以下）。

(2) 買受人の地位

買受人の地位についても一言しておこう。目的物の所有権は代金支払時に買受人に移転する（民執79条）。競落により，それまで付着していた抵当権は消滅する（民執59条1項）。抵当権に劣後する賃借権も原則として覆る。かつては，短期賃貸借は例外的に保護されたが（旧395条本文），この制度は2003年の改正によって廃止され，今日では6カ月の明渡猶予期間が与えられるにすぎない（395条1項）。この点についても後に説明する（⇒**第2〔UNIT 4〕Ⅰ 2(3)**）。競売手続に瑕疵があっても，売却許可決定後はこれを争うことはできない。また，競売の基礎となった抵当権の不存在・消滅の場合にも，代金納付による所有権取得の効果は覆らない（民執184条）。ただし，目的物が抵当権設定者以外の者に帰属する場合には，真実の権利者が権利を失うことはない。登記にも競売にも公信力は認められていないのである。

(3) 一般債権者としての権利行使

抵当権者は，同時に一般債権者でもあるので，その資格に基づいて債務者の一般財産に対して権利行使をすることもできる。具体的には，自ら強制執行をしたり配当要求（民執51条）をしたりできる。もちろん，その場合には債務名義が必要となる。一般債権者として行動する場合には，抵当権者には優先権は認められず，他の債権者と同じ扱いを受ける。なお，抵当権者と一般債権者の利益を調整する規定が置かれているが（394条），これについても後で説明する（⇒**第3**〔UNIT 5〕 I ）。

2　その他の効力

その他に，**追及効**（追及力・追及権）や**物上代位**（372条→304条），物権的請求権も認められるが，それぞれについて，設定者（および設定者側の第三者）の権限や利益との調整が必要となる。これらについては，いずれも後にやや詳しく検討する（⇒**第2**〔UNIT 4〕）。

Ⅲ　消　　滅

最後に消滅について簡単に述べる。

被担保債権が消滅すれば抵当権も消滅する（**付従性**。「消滅における付従性」）。他の担保物権と同じく全額が弁済されなければ抵当権は消滅しないが（**不可分性**。372条→296条），立ち入って考えると場合分けが必要である。設定者による弁済でなく，第三取得者や後順位抵当権者による弁済の場合には登記された元本額と2年分の利息・損害金を払えばよいとする学説には，説得力がある[1]。なお，目的物が競売されれば，それで抵当権は消滅する。

ほかには，時効消滅が問題となる。債務者・抵当権設定者との関係では，抵当権自体が被担保債権と独立に時効消滅することはない（396条）。ただし，この規定が適用されず，抵当権自体が新166条2項（旧167条2項）によって消滅する場合もありうる（免責許可決定の効力を受ける債権につき最判平30・2・23民集72-1-1）。なお，目的不動産が第三取得者に属する場合については，所有権の時効取得による抵当権の消滅が問題になる（397条）。

さらに，代価弁済・抵当権消滅請求という特殊な制度による消滅がある（⇒**第2**〔UNIT 4〕 I 1 (1)(2)）。

なお，倒産によって抵当権が消滅することはないこと（別除権・更生担保権となる），被担保債権の譲渡等に伴って移転すること（**随伴性**がある）は，質権と同様である。

1）　道垣内234-235頁。

別除権・更生担保権　特別の先取特権・質権・抵当権を有する者などは，破産手続・民事再生手続や会社更生手続において，特定の財産から破産債権者等に優先して弁済を受ける権利を持つ[1]。別の言い方をすれば，民商法上の担保物権が，破産手続・再生手続・更生手続の制約を受けたものが，別除権・更生担保権であると言ってもよい。

民事再生法の担保権消滅請求制度[2]　**担保権消滅請求制度**は，1999年の年末に成立し，2000年4月から施行されている民事再生法が導入したものであるが，別除権の対象となる権利につき，担保目的物が再生債務者の「事業の継続に欠くことのできないもの」であるときには，再生債務者等は担保権消滅の許可の申立てを裁判所に行うことができるというものである[3]。もっとも，その際には「当該財産の価額に相当する金銭」を裁判所に納付することが必要とされており，この金銭は担保権者に配当される。被担保債権額ではなく担保目的物の価額相当額を支払えばよい点に，この制度のポイントがある。これにより，担保目的物の価額が被担保債権額を下回っている場合には，被担保債権額全額を弁済せずに価額相当額を弁済することによって，担保権を消滅させることができるようになったのである。

バブル経済の崩壊による地価暴落によって，被担保債権額が担保目的物の価額を上回ることが少なくないので，再生債務者にとっては，このような手当がされたことの意義は大きい。

その後，会社更生法にも類似の制度が設けられている[4]。なお，2003年の担保・執行法制の改革により導入された抵当権消滅請求はこれと異なるものである（⇒**第2**〔UNIT 4〕 I **1**(2)）。

1）　破2条9項・65条・66条，民再53条，会更2条8項10項。

2）　森田修「倒産手続と担保権の変容」倒産手続と民事実体法〔別冊NBL 60号〕（商事法務研究会，2000）。

3）　民再148条以下。

4）　会更104条以下。

MAIN QUESTION

抵当権とはいかなるものか？

KEY SENTENCES

■(抵当権の) 設定契約は諾成契約であり，特別の方式に従う必要はないし，目的物の占有移転も必要ではない。……設定者は目的物の使用収益を継続することができる。

■370条の「付加一体物」の概念をどう解するかを問題とすれば足り，87条を持ち出すまでもない。

■日本法では土地と建物とは別個の不動産とされ，一方に設定された抵当権は他方に及ばない。

TECHNICAL TERMS

抵当権　抵当権設定契約　物上保証人　被担保債権　抵当権の順位　順位確定の原則・順位上昇の原則　抵当権の効力の及ぶ範囲　付加一体物・付合物・従物　従たる権利　天然果実・法定果実　優先弁済効　担保権の実行としての競売　追及効　物上代位　付従性・不可分性・随伴性　担保権消滅請求制度

REFERENCES

鈴木禄弥・抵当制度の研究（一粒社，1968）

担保法研究の第一人者である著者の手になる論文集。ドイツ法を参照しつつさまざまな問題につき精緻な議論が展開されているが，日本法のモデルと目されたドイツ法の諸背景を明らかにした歴史的な研究としても大きな意味を持つもの。なお，藤原明久・ボワソナード抵当法の研究（有斐閣，1995）もあげておこう。

■UNIT 4 抵当権と設定者――抵当権設定者は何ができるか？

第1章 物的担保
　第2節 抵当権
　　第2 設定者との利害調整
　　　Ⅰ 後順位権利者との関係
　　　　1 第三取得者
　　　　　(1) 代価弁済　(2) 抵当権消滅請求
　　　　　(3) 費用償還請求権
　　　　2 賃借人
　　　　　(1) 短期賃貸借の保護
　　　　　(2) 短期賃貸借への対抗手段
　　　　　(3) 短期賃貸借の廃止へ
　　　Ⅱ 第三者との関係
　　　　1 抵当権侵害
　　　　　(1) 救済措置　(2) 予防措置
　　　　2 物上代位
　　　　　(1) 制度趣旨　(2) 適用範囲

■参照条文■ 372条，378条～387条，391条，395条

＊みかた2-6

（代価弁済）

第378条 抵当不動産について所有権又は地上権を買い受けた第三者が，抵当権者の請求に応じてその抵当権者にその代価を弁済したときは，抵当権は，その第三者のために消滅する。

（抵当権消滅請求）

第379条 抵当不動産の第三取得者は，第383条の定めるところにより，抵当権消滅請求をすることができる。

（抵当権者の同意の登記がある場合の賃貸借の対抗力）

第387条 ① 登記をした賃貸借は，その登記前に登記をした抵当権を有するすべての者が同意をし，かつ，その同意の登記があるときは，その同意をした抵当権者に対抗することができる。

② 抵当権者が前項の同意をするには，その抵当権を目的とする権利を有する者その他抵当権者の同意によって不利益を受けるべき者の承諾を得なければならない。

（抵当建物使用者の引渡しの猶予）

第395条 ① 抵当権者に対抗することができない賃貸借により抵当権の目的である建物の使用又は収益をする者であって次に掲げるもの（次項において「抵当建物使用者」という。）は，その建物の競売における買受人の買受けの時から6箇月を経過するまでは，その建物を買受人に引き渡すことを要しない。

一 競売手続の開始前から使用又は収益をする者

二 強制管理又は担保不動産収益執行の管理人が競売手続の開始後にした賃貸借により使用又は収益をする者

② 前項の規定は，買受人の買受けの時より後に同項の建物の使用をしたことの対価について，買受人が抵当建物使用者に対し相当の期間を定めてその1箇月分以上の支払の催告をし，その相当の期間内に履行がない場合には，適用しない。

第2 設定者との利害調整

ここでは，「設定者との利害調整」という観点から総括できる諸問題を取り上げる。実際には，設定者自身ではなく，それ以外のさまざまな者との関係を問題とする。しかし，これらの者の地位は設定者の権利と密接に結びついており，また，設定者のイニシアティブによってこれらの者が登場して抵当権者の利益が害されることが少なくないので，このような括り方をした。どのような者との関係が問題となるかを予め示しておこう（図表4-1）。

まず，**後順位権利者との関係**が問題となる（Ⅰ）。具体的には，設定者Yから抵当不動産の所有権を譲渡された**第三取得者**（Z_1）**との関係**や抵当不動産につきYから賃借権を得た**賃借人**（Z_2）**との関係**が問題となる（後順位担保権者を含む競合債権者との関係については後述する。⇒**第3**〔UNIT 5〕）。対抗要件の具備が抵当権設定の後であれば，これらの者（後順位権利者）の権利は抵当権者Xの抵当権に劣後することになるはずである。しかし，この考え方を貫徹すると，Yが目的不動産をほかに処分したり，使用収益を行うことは著しく困難になる。そこで，民法典の起草者は，原則を維持しつつ，Z_1・Z_2

図表 4-1 設定者との利害調整（当事者の法律関係）

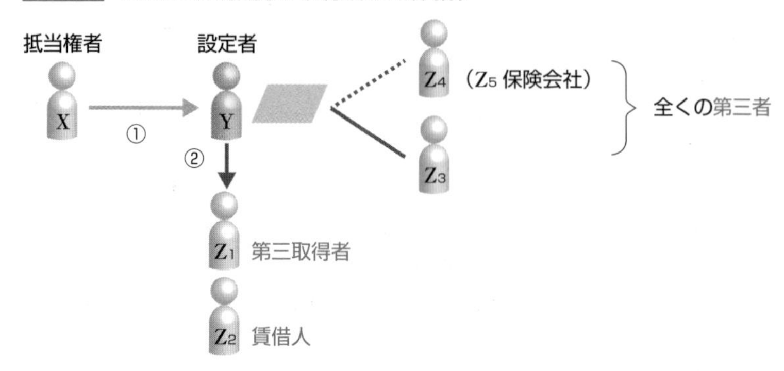

にある程度の保護を与える（そのことによってＹの利益に配慮する）ための制度をいくつか設けた。代価弁済や抵当権消滅請求という制度がそれである。

次に，全くの第三者（Z_3〜Z_5）との関係も問題となる（**Ⅱ**）。Z_1・Z_2もＸから見れば第三者には違いない（また，「**第3**」で取り上げる競合債権者も同様）。しかし，ここで言う「第三者」はその存在をＸが予定していない第三者，具体的には抵当権を侵害する者を念頭に置いている。抵当権侵害者の中には，Ｙと共謀する者（Z_3）もあるが，Ｙとは無関係の者（Z_4）もある。なお，後者の侵害も含めて目的不動産の滅失毀損に備え，抵当権設定者Ｙが保険に入っていることがあるが，その場合には，保険会社（Z_5）に対して有する保険金請求権への物上代位が重要な問題となる。

Ⅰ 後順位権利者との関係

1 第三取得者

(1) 代価弁済

設定者Ｙが債務の弁済を行わない場合，抵当権は実行されて抵当不動産は競売される。抵当不動産の所有権が設定者Ｙから第三取得者Ｚに移ったとしても，このことは変わらない（図表 4-2）。抵当権には追及効があるので，抵当権の実行は可能であり，その結果としてＺの所有権は失われることとなる。これを避けるためには，どうすればよいか。抵当不動産取得に際して

図表 4-2 第三取得者との関係

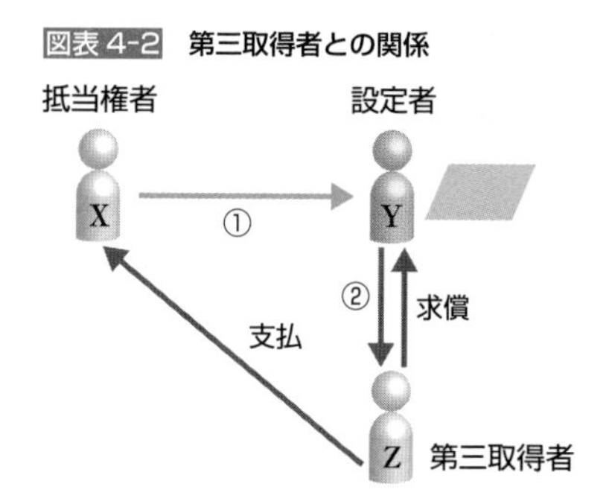

抵当権を抹消してもらい抵当権の付着しない不動産を取得できれば問題はないが，設定者Ｙに十分な資金がなく，売却代金を得てはじめて抵当権の抹消が可能となるという場合もあるだろう。しかし，それでは，代金は払ったが抵当権は抹消されなかったということも生じうる。第三取得者Ｚとしてはもっと確実な方法を講じたい。

まず考えられるのが，第三取得者Ｚが設定者Ｙに代わり債務を弁済してしまい（第三者弁済。474条），求償権（新570条）と売買代金債務を相殺するという方法である。抵当権を確実に除去するために，Z→Y→X ではなく Z→X という形で（Ｙをスキップした）支払を行うということである。ただし，すべての場合に，この手段が使えるわけではない。Ｚの買受価格が被担保債権の額（複数の抵当権者がいる場合には合計額）を下回る場合には，買受価格以上の弁済をしなければ抵当権を消滅させることができないが，通常はＺにそのような資金供与は期待できない。

このような場合にはどうすればよいか。次に考えられるのは，第三取得者Ｚが抵当権者Ｘと交渉して，債務全額ではなく代金額の直接支払によって抵当権を消滅させるということである。Ｘはこのような交渉に応じるはずもないように見えるが，Ｚの支払う代金の額が，抵当権実行の費用を考慮に入れた上で競売によって得られる額を上回ると判断する場合には，これに応じることもある（図表 4-3）。これが**代価弁済**である（378条）。

この場合，設定者＝債務者であるＹとの関係では未回収額は残債権（一般債権）として残るが，第三取得者Ｚのために抵当権は消滅する。これはいわば一種の和解であるので，抵当権者Ｘの同意があってはじめて可能になる。

図表 4-3　代価弁済がなされる場合

代金額　＜　被担保債権額

しかし

代金額　＞　競落予想額－手続費用

なお，規定上は，代価弁済は抵当権者Xのイニシアティブによって行われるように書かれている。被担保債権額の全額に満たなくとも，Xの側からの請求に応じてZが代価を支払った場合には，抵当権は消滅するというわけである。このような書き方がされているのは，代価弁済制度が物上代位制度の延長線上に構想されたからである。抵当権者Xは売買代金に物上代位できる。しかし，物上代位した以上は額が足らず残債権が残るとしても抵当権は消滅させるというのが，代価弁済制度なのである（図表4-4）。そう考えると，代価弁済制度の外で売買代金に対する物上代位を認める余地はないとも言える[1]。

図表 4-4　代価弁済の位置づけ

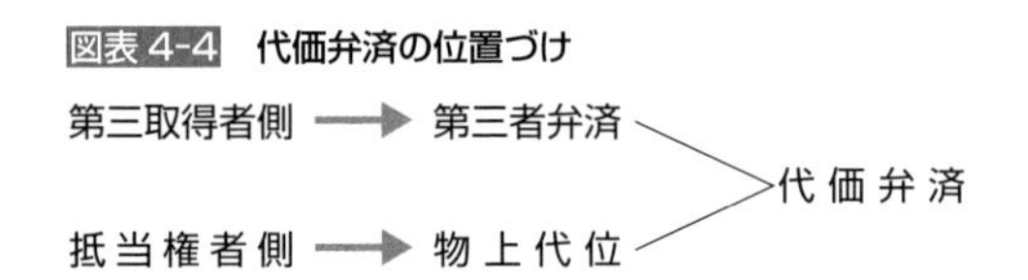

(2)　抵当権消滅請求

第三取得者Zが抵当権者Xの同意を得られない場合はもはや手詰まりとなるのだろうか。代価弁済は，Zの支払う代金額を固定したままでXにその当否の判断を委ねる制度であった。それゆえ，Xが，Zの支払う代金額が適当な額ではないと判断し，この制度を利用しないことも起こりうる。そこで，第三取得者Zの支払額を適切な額に調整する代わりに，抵当権者Xの抵当権を失わせるという制度を民法典は認めている。これが抵当権消滅請求（2003年改正以前には滌除（てきじょ）と呼ばれる制度がこれに相当した）という制度である

1）　道垣内169頁の注（＊＊＊）を参照。ただし，理由づけはやや異なる。

(379条以下)。代価弁済を和解にたとえるならば，これは強制的な調停にたとえることができるかもしれない（ただし，代価弁済にせよ抵当権消滅請求にせよ，当事者が自由に交渉を行うことを想定した制度ではない。上記の比喩は，二つの制度はいずれも正規の抵当権実行手続からは外れた処理をもたらすこと，しかし，両制度は抵当権者の意思に対する拘束の度合いにおいて異なっていることを示すにすぎない)。

なお，従前の滌除制度には批判が強く，立法論的には廃止も説かれていたが，2003年の担保・執行法制の改正においては，結局，必要な修正を加えた上で，存置されることとなった（同時に，難解であった名称が変更された)。

抵当権消滅請求制度においては，次のような制度が設けられた（図表4-5)。まず，①抵当権消滅請求をなしうるのは，抵当不動産の第三取得者（Z）に限定された（379条)。地上権・永小作権を取得した者は除外されたが，もともと実例は乏しかった。次に，②抵当権実行通知は不要とされた（旧381条は削除)。第三取得者は所有権取得の時点で先順位の抵当権の存在を知っているので，それ以上の機会保障は不要とされたのである。手続の迅速化をはかり執行妨害を避ける趣旨であろう。さらに，③承諾擬制がなされるまでの期間（熟慮期間）が1カ月から2カ月に延長された（384条1号)。抵当権者の判断の機会を保障するためである。そして，最も重要なのが，④買受義務の廃止である。これに伴い増価競売という特殊な制度もなくなり，単に抵当権が実行されるだけのこととされた（抵当権者は熟慮期間内に競売の申立てをする。384条1号)。ほかに，382条・386条にも実質的な修正が加えられているが，説明は省略する。一読しておいてほしい。

図表4-5 抵当権消滅請求の仕組み

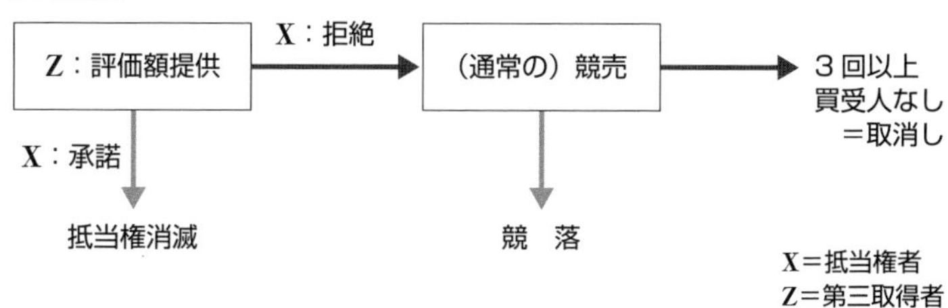

買受人が現れない場合　競売を申し立てたが買受人が現れなかった場合には，民事執行法によって設けられている3回以上買受申出がなかった場合の取消制度の適用を受けることになるが[1]，これにより取消しとなっても，抵当権消滅請求のみなし承諾とはならない（384条4号かっこ書）。

(3) 費用償還請求権

代価弁済や抵当権消滅請求により消滅することなく，抵当権が実行に移されて第三取得者Zが所有権を失ったという場合，当該不動産につきZが投じていた費用について，Zは競売代金の中から優先的に償還を受けることができる（391条）。391条が基準として準用している196条と同じ趣旨である。

2 賃借人

(1) 短期賃貸借の保護

抵当権設定の後に現れた賃借人Zの地位は，抵当権の実行により覆る（**図表4-6**。実体法上は対抗の問題としてとらえられるが，その際に「買受人の地位＝抵当権者の地位」という前提が入っていることに注意）。これでは設定者は抵当不動産を賃貸することが困難になるので，設定者Yが行う賃貸借契約を保護する必要が生ずるが，無制限にこれを保護すると，今度は逆に抵当権者の利益を損なうことになる。少なくとも今日までの日本においては，賃借権の付着した不動産の価格はかなり低下するからである。この点につき，民法典の起

図表4-6　賃借人との関係

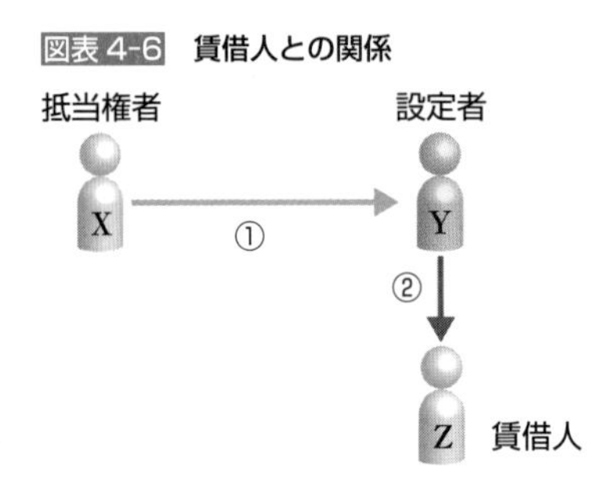

1）民執68条の3。

草者は，設定者・抵当権者の利益のバランスをとるために，602条の定める期間を超えない賃貸借（土地5年，建物3年。「**短期賃貸借**」と呼ばれてきた）に限って保護を与えるという制度を採用していた（旧395条）。すでに述べたように，この制度は廃止されるに至った。

抵当権に優先する賃貸借　本文で問題にしているのは，抵当権設定登記の後になされた賃貸借契約の処遇である。抵当権設定登記以前に賃貸借契約が締結されており，当該賃借権が対抗力を備えていれば，後に設定された抵当権が実行されたとしても，賃借権は覆らず，買受人は賃借権の負担の付いた不動産を取得することになる。

(2) 短期賃貸借への対抗手段

短期賃貸借の実態を見ると，この制度は濫用的に利用されていることが指摘されてきた。実際に不動産を利用するというのではなく，抵当権の実行を妨害する（明渡しに応じない）ために設定されている賃借権がほとんどだと言うのである（**濫用的短期賃貸借**）。それゆえに，短期賃貸借制度の立法論的な見直しが求められ，最終的には廃止に至ったわけだが，ここでは，制度廃止以前に現れていた濫用的短期賃貸借をめぐる解釈論上の問題について触れておきたい。

このような濫用がありうることは抵当権者もよく知っている。そこで，抵当権者は自衛のための措置を講じてきた。抵当権設定の際に自ら短期賃貸借の設定を受けてしまい，第三者が賃借人として登場するのを阻止するという方策がとられてきたのである。これを「**併用賃貸借**」と呼んでいる（仮登記担保（⇒**第*3*節第2**〔UNIT 7〕）――かつては代物弁済予約と呼ばれた――とあわせて「三種の神器」と呼ばれた。「短賃・代弁・抵当権」）。

しかし，判例は併用賃貸借の保護を否定した（最判昭52・2・17民集31-1-67）。そこで，注目を集めるようになったのが，旧395条但書の**解除請求権**である。短期賃貸借が抵当権者に損害を及ぼす場合には裁判所に対して解除請求をすることができるという制度である。従来，この制度を用いるのは手間がかかるとされていたが，そうも言ってはいられなくなったわけである。

ところで，この制度に関しては，解除が認められた後の明渡請求の可否が問題になる。この点につき現れたのが最判平3・3・22民集45-3-268〈46〉である。この事件においては，最高裁は，抵当権者は抵当不動産の占有関係について干渉する余地がないとし，旧395条但書は抵当権に損害を及ぼす短期賃貸借を解除することによって賃借人を占有権原のないものにするにとどまるとした。抵当権者は純然たる不法占拠者であってもこれを排除できないと考えれば（買受人は引渡命令によって排除できる。民執188条→83条），これとのバランスからは正当であることになる。平成3年判決のこうした考え方とは異なる考え方をとるためには，抵当権の侵害について従来の発想に変更を加える必要があるが，この問題に関してはⅡで扱う。

(3) 短期賃貸借の廃止へ[1)]

以上のように，濫用的な短期賃貸借にどのように対処するかは，長年にわたり担保法の大きな課題であったが，2003年の担保・執行法制の改正の中心的なテーマとなった。この問題に関しては，激しい議論が戦わされた。経済的非効率＝社会的損失を説く見解も加わり廃止論が優勢であったが，短期賃貸借を廃止しても事実上の占有による執行妨害はなくならないという反論もなされた。それでも土地については短期賃貸借廃止に大きな異論はなかったが，建物に関しては，立法作業の途中段階においても，単純廃止・存続・廃止＝明渡猶予期間創設の三つの案が併記される状況が続いた。こうした状況を受けて，最終的には，単純廃止でも存続でもない折衷的な解決が採用された。すなわち，短期賃貸借制度は廃止するが，目的不動産の**明渡猶予期間**を設けることとされたのである。なお，明渡猶予期間は，原案では3カ月とされていたが，国会審議において6カ月に延長された（395条1項）。

抵当権者の同意による劣後賃貸借の対抗　本文で述べたように，短期賃貸借制度は廃止されたが，賃貸用物件の正常な賃借人を保護する必要に一定の限度で応じるために，抵当権に劣後する賃貸借を一定の要件のもとに保護する方策が講じられた。具体的には，①登記のある賃貸借は，②これに優先する抵当

1） 鈴木・物権216-217頁。

権者すべての同意があり，③この同意の存在が登記された場合には，同意した抵当権者に対抗できるとされた（387条1項）。①～③の要件は厳しく，また，手続的にも曖昧な点が残されており，どれほどの実用性があるかは定かではないが，立法目的を尊重した合理的な実務慣行が形成されることが期待される。

Ⅱ 第三者との関係

1 抵当権侵害

(1) 救済措置

第三者が抵当目的物を毀損し（またはそのおそれがあり），それにより抵当権者の権利が侵害された（またはそのおそれがある）場合，抵当権者は物権的請求権に基づく妨害排除請求を行うことができるだろうか。また，不法行為に基づく損害賠償請求はどうだろうか。いずれも一般的には認められるはずであるが，それぞれにつき問題となる局面ごとに見ていく必要がある。

◆ 物権的請求権——一部分離・搬出の場合

第三者Ｚが抵当不動産の一部を分離・搬出してしまうと，もはやその分離物には抵当権の効力が及ばなくなる。抵当目的物自体あるいは付加一体物とは言えなくなるからである。したがって，抵当権者Ｘとしては，分離・搬出を事前に阻止し，また，事後的に原状を回復することが必要となる。そして，これは物権的請求権により認められる。

しかし，分離された物に対して常に物権的請求権が及ぶかどうかが問題となる。かつては，取引の安全に配慮して，物権的請求権を制約しようとする見解も説かれた。確かに，Ｚからの取得者を保護する必要はあるが，そのためには即時取得によればよい。即時取得の要件を満たさない限りは返還請求はできると考えてよいだろう。

◆ 物権的請求権——不法占拠の場合

次に，第三者Ｚが抵当不動産を不法占拠している場合はどうか。この場合にも，目的物の毀損や分離・搬出のおそれがあるのであれば，ここまでの議論で処理できる。問題は，単に不法占拠するだけの場合であり，この場合には抵当権者は退去を求めることができないというのが判例の立場であった。先に述べたように，抵当権の実行段階で退去させれば足りるというわけである（前掲最判平3・3・22）。仮に基本的にはそれでよいとしても，抵当権実行に着手した後は，侵害が顕在化しているとして妨害排除を認めるべきだとの見解が有力になってきていた。そうだとすれば，旧395条但書による解除請求後の明渡請求についても同様に考えることが可能になろう。

実際のところ，最高裁はその後，前掲平成3年判決で示した立場を変更するに至った。最大判平11・11・24民集53-8-1899〈40〉が現れたのである。この判例変更には予兆がないわけではなかった。抵当権者は目的不動産の利用に干渉しないのが原則であるとの立場を鮮明に示した平成3年判決は，傍論ではあるものの，短期賃貸借の存在によって抵当不動産の担保価値が下落し配当額が減少するだけでは，旧395条但書の「損害」があるとは言えず，賃貸借の内容につきより立ち入った判断が必要であるかのごとく判示していた[1]。しかし，最判平8・9・13民集50-8-2374は，この考え方を明確に否定し，配当額の減少のみが問題であり，賃貸借の内容によるものではないとした。そして，平成11年大法廷判決は，ついに平成3年判決を変更したのである。

事案は，Aの不動産を不法占拠するY（Aから譲渡転貸特約付でこれを賃借したBから転借したと主張）に対して，この不動産に抵当権を設定しているXが明渡請求を求めたものであった（**図表4-7**）。

最高裁大法廷は，平成3年判決の示した原則を確認しつつも，「抵当不動産の交換価値の実現が妨げられ抵当権者の優先弁済請求権の行使が困難となるような状態があるときは，これを抵当権に対する侵害と評価することを妨げるものではない」とした。より具体的には，抵当権者は，抵当不動産の所有者に対して「その有する権利を適切に行使するなどして右状態を是正し抵当不動産を適切に維持又は保存するよう求める請求権」（**侵害是正請求権・担保価値維持請求権**）を有するので，この請求権を保全するために，所有権者の持

1） 鈴木・物権207頁以下を参照。

図表 4-7　平成 11 年大法廷判決の事案

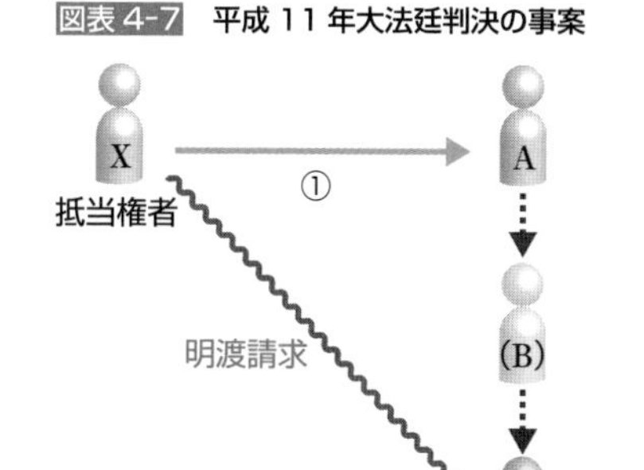

つ妨害排除請求権を代位行使することができる（転用型にあたる），さらに，**「抵当権に基づく妨害排除請求」**として，妨害排除を求めることも許される，とした。

学説にはこの判決を歓迎するものが多いが，そこには問題点も少なくない。技術的には，二つの請求権の相互関係，あるいは，それぞれの要件・効果などについては，なお検討する必要がある。政策的には，濫用的でない短期賃貸借に基づく占有についても同様に考えてよいのかが問題となりうる。しかし，後者の問題が立法的に解決されたことは，前述の通りである（⇒Ⅰ2(3)）。

> **設定者から占有権原を付与された者**　判例はさらに進んで，設定者から占有権原を付与された者に対しても，当該権原付与に競売妨害目的が認められ，当該占有によって抵当権者の優先弁済請求権の行使が困難になる場合には，抵当権に基づく妨害排除は可能であるとしている（最判平 17・3・10 民集 59-2-356［Ⅰ 89］〈41〉）。

◆ **損害賠償請求権**　第三者Ｚが抵当不動産につき滅失・損傷・減少（以下，滅失等という）によりその価額を減少させて抵当権者Ｘに損害を与えた場合，ＸはＺに対して不法行為による損害賠償請求を行うことができるだろうか。学説にはこれを否定し，設定者Ｙの損害賠償請求権に物上代位すればよいとするものもある。

しかし，抵当権登記の不法抹消，抵当権実行の不当遅延など，物上代位によっては解決できないケースもある。このような場合には，Xの固有の利益が侵害されているとして，XからZへの直接の損害賠償請求を認めるべきだろう。

(2) 予防措置

第三者Zが単独で抵当権の侵害を行うほか，それに設定者Yが加わるということもある。たとえば，分離・搬出などはYとの合意に基づいて行われるのが普通だろう。

そこで，債務者（設定者Y）が担保に滅失等を生じさせた場合には，債務者は期限の利益を失うので債権者である抵当権者（X）は被担保債権の弁済請求や抵当権の実行ができるというのが137条2号の定めるところだが，さらに，債務者は増担保義務を負うと解されている。実際には，約定によって，債務者の行為による滅失等に限らずに増担保請求ができる，増担保がされない場合には期限の利益が失われると定められていることが多いと言う。

2 物上代位

(1) 制度趣旨

これまでにも見たように，第三者Z_1が抵当不動産を侵害し滅失等が生じることがある（図表4-8）。

図表4-8 物上代位（滅失等の場合の法律関係）

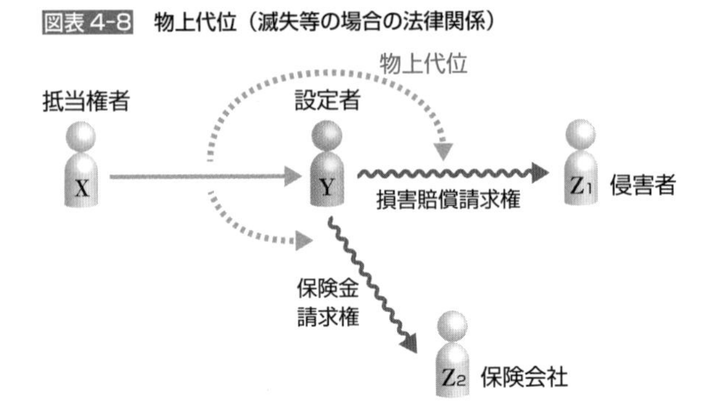

抵当権者Xとしては，物権的請求権によって原状回復をはかれる場合もないわけではないが，分離・搬出のような場合と異なり，滅失等となると回復は困難であることが多い。そうなると，抵当不動産の全部または一部が失われるという事態が生ずることとなる。たとえば，全部滅失の場合を考えてみればよい。このとき，設定者Yは抵当権の拘束を免れることとなる。同時に，YはZ1に対する損害賠償請求権を取得する。さらに，Yが損害保険に加入していた場合には，保険会社Z2に対する保険金請求権をあわせて取得することになる。

この場合，経済的な実質を見れば，目的物滅失により生じた損害賠償請求権・保険金請求権は，いわば目的物が姿を変えたものである。そうだとすれば，抵当目的物が失われたときには，これらの代償物に抵当権の効力が及ぶとするのが公平ではないか。これを認めるのが**物上代位**である（372条→304条）。

物上代位権を行使するには差押えが必要である（304条1項ただし書）。ところで，差押えに関しては，いつまでにいかなる差押えが必要かという問題がある。この点は，差押えの意義をどう解するか（さらには物上代位制度をいかなるものと解するか）にかかっている。学説には，特定性維持を重視する考え方と優先権保全を重視する考え方とがあったが，前者は物上代位は抵当権の効力の延長として当然に認められるとする見方と，後者は物上代位は法が特に与えた特殊な効力であるとする見方と，それぞれ適合的である。もっとも，判例は，二重弁済の危険から第三債務者（**図表4-8**のZ1・Z2）を保護する点を重視するようになっている（最判平10・1・30民集52-1-1［I 88］〈18〉）。

具体的な解釈問題

①差押えは誰が行うべきか　古くは，差押えは抵当権者自身によってなされる必要があるか（それとも誰かが行っていればよいか）が争われた。大連判大12・4・7民集2-209はこれを必要としたが，そこには，物上代位は当然に認められるわけではなく優先権保全のためには差押えが必要だという考え方が見てとれる。学説はかつてはこれに反対するものが多数であったが，最近では判例を支持する立場が有力になってきている。

②配当要求でもよいか　では，他の抵当権者が物上代位のために差押えをしている場合に，配当要求（民執193条・154条）の方法によって優先弁済を受けることができるか。最判平13・10・25民集55-6-975は，これを否定している。その理由として，304条1項ただし書（372条により準用）の「差押え」には配当要求は含まれないということに加えて，民事執行法においては物上代位による配当要求が予定されていないことがあげられている。

③一般債権者の差押えとの優劣　物上代位のための差押えと一般債権者の差押えが競合する場合には，その優劣はどのように決するか。最判平10・3・26民集52-2-483〈19〉は，抵当権設定登記と一般債権者の申立てによる差押命令の第三債務者への送達の先後によって決すべきであるとしている。事案は，抵当権設定登記以前に，差押命令の送達があったので抵当権者は配当を受けられないとしたというものであったが，設定登記さえ先になされていれば，物上代位のための差押えが一般債権者の差押えに優先してもよいことになる。

④相殺との優劣　③からは，抵当権設定登記後に設定者に対する債権を取得した債権者は，この債権を自働債権として物上代位の対象となる債権を受働債権として，相殺することはできないとの帰結が導かれることになる（最判平13・3・13民集55-2-363〈20〉）。

以上の問題との関連で，次の2点を補足しておく。一つは，先取特権における取扱いとの異同についてである。抵当権か先取特権かを区別せずに議論する見解が少なくないが，両者を区別する見解もある（たとえば，抵当権の場合には公示の要請が強いとして両者を区別しているように見えるものもある[1)]）。もう一つ，差押えが遅れることにより物上代位ができなくなる事態に備えて，保険金請求権については，抵当権者は物上代位に頼らずに質権を設定していることが多いことにも留意する必要がある。

(2) 適用範囲

ここまで物上代位の対象として念頭に置いてきたのは，損害賠償請求権・保険金請求権であった。304条の文言との関係で言うと，これらは「滅失又は損傷によって債務者（ここでは抵当権設定者）が受けるべき金銭」にあたる。

---

1)　道垣内68-69頁。

これらが物上代位の対象となることに異論はない。問題は「売却・賃貸」の方である。このうち，売却に関しては，抵当権には追及効もあるし代価弁済も認められているので，物上代位を認める必要はない（304条のこの部分は準用されない）という見解が有力である[1]。しかし，売買代金についても物上代位を認めるかに見える判例もないわけではない（最決平11・5・17民集53-5-863〈57〉は，譲渡担保権者に売却代金への物上代位を認めており，最判平11・11・30民集53-8-1965〈24〉は，買戻特約付売買に基づく買戻代金債権への物上代位を認めている）。賃料債権に関しては意見が分かれている。最判平元・10・27民集43-9-1070［I 87］〈27〉は賃料もまた物上代位の対象となるとしたが，学説にはこれに反対するものが多い。反対の理由の中心は，抵当権は設定者に使用収益を認めるものだからというところにある。しかし，これだけでは十分な理由にならないとの反論もなされており[2]，議論は不安定な状況にある。もっとも，判例の立場は変わらず，前掲最判平10・1・30は，賃料への物上代位が可能なことを前提に，目的債権が譲渡された場合にも物上代位権は及ぶ（債権譲渡は「払渡し又は引渡し」にあたらない）としている。

敷金の充当　賃料に対する物上代位に対して，賃借人は敷金返還請求権による「相殺」を主張することができるだろうか。このように問題を設定した上で，敷金返還請求権は賃貸借の終了後明渡しのなされた時点で発生すると解するならば（最判昭48・2・2民集27-1-80），前掲の最判平13・3・13の論理から，賃借人は相殺を主張できないという結論が導かれそうである。しかし，最判平14・3・28民集56-3-689〈21〉は，反対の結論をとった。敷金返還請求権は，目的物の返還時において，賃貸人の賃料債権・損害金債権などに充当してなお残額がある場合に発生するものである（賃料債権への充当には相殺の場合と異なり意思表示を要しない）というのがその理由である。

転貸賃料の場合　転貸の場合には，判例は，目的不動産の賃借人を所有者

1）鈴木・物権205頁，道垣内149-150頁。
2）内田・初版373頁。ただし，内田501-502頁では「緊急避難的な運用」だったとされるに至っている。

と同視できる場合は別として，転貸賃料に対する物上代位を認めていない（最決平 12・4・14 民集 54-4-1552〈22〉）。

以上のように，判例は物上代位を広く認める傾向を示していると言えるが，その背景には，不動産価格の下落により抵当権の実行が困難になり，物上代位により債権回収をはかりたいとの要望が強くなったというバブル経済の崩壊後の経済事情がある。

担保不動産収益執行　不動産の収益（賃料収入）から債権を回収することは，強制執行の場合には，強制管理の方法によって可能である（民執 93 条以下）。しかし，抵当権の実行の場合には，この制度を用いることができなかった（民事執行法に準用規定が置かれていなかった）。そのため，抵当権者としては物上代位によるほかなかった。そこで，2003 年の改正においては，抵当権に基づく強制管理制度の導入が検討されることとなった。どのような制度を構築するかをめぐってはさまざまな議論があったが，最終的には，**担保不動産収益執行**と呼ばれる手続（民執 180 条以下）が創設され（民事執行法に準用規定が設けられるとともに〔民執 188 条〕，準用される諸規定が整備された），担保不動産の競売と並ぶ手続として位置づけられた。なお，民法上も，この手続によることができる旨を明示するために，371 条が改正され，従前の規定（「前条の規定は果実には之を適用せず。但抵当不動産の差押ありたる後……は此限に在らず」）を改めて，「抵当権は其担保する債権に付き不履行ありたるときは其後に生じたる抵当不動産の果実に及ぶ」（現代語化以前の文言）とした。

収益執行と物上代位との関係　立法作業の途中段階では，物上代位を廃止する案と存続させる案が出され，この点についてもさまざまな議論がなされたが，結局のところ，後者の解決が採用された。そうなると，両者の関係をどう調整するかが問題となるが，改正法では，強制管理・担保不動産収益執行が開始されたときは，賃料債権に対してなされた仮差押命令の効力は停止するという形での調整がはかられた（民執 93 条の 4 第 2 項）。

MAIN QUESTION

抵当権設定者は何ができるか？

KEY SENTENCES

■これらの者（後順位権利者や単なる第三者）の地位は設定者の権利と密接に結びついており，また，設定者のイニシアティブによってこれらの者が登場して抵当権者の利益が害されることが少なくない。

■抵当権者は売買代金に物上代位できる。しかし，物上代位した以上は額が足らず残債権が残るとしても抵当権は消滅させるというのが，代価弁済制度なのである。

■第三取得者の支払額を適切な額に調整する代わりに，抵当権者の抵当権を失わせるという制度を民法典は認めている。これが抵当権消滅請求という制度である。

TECHNICAL TERMS

後順位権利者・第三取得者・賃借人との関係　代価弁済　抵当権消滅請求（滌除）　短期賃貸借　濫用的短期賃貸借　併用賃貸借　解除請求権　明渡猶予期間　侵害是正請求権・担保価値維持請求権　抵当権に基づく妨害排除請求　物上代位　担保不動産収益執行

REFERENCES

内田貴・抵当権と利用権（有斐閣，1983）

生熊長幸・執行妨害と短期賃貸借（有斐閣，2000）

生熊長幸・物上代位と収益管理（有斐閣，2003）

最初のものは，395条の由来を解明するとともに，濫用的短期賃貸借の実態を摘出したもの。同時に，近代的抵当権概念への反省を迫る。第二・第三のものは，それぞれ表題の問題につき，改正論議も念頭に置きつつ議論を展開するもの。なお，物上代位の沿革については，吉野衛「物上代位に関する基礎的考察(上)(中)(下)」金融法務事情968号，971号，972号（1981）が基本文献。

■UNIT 5 抵当権と競合債権者――抵当権者は何ができるか？

■参照条文■ 374条，376条，377条，392条〜394条

＊みかた 2-6

（抵当権の処分）

第376条 ① 抵当権者は，その抵当権を他の債権の担保とし，又は同一の債務者に対する他の債権者の利益のためにその抵当権若しくはその順位を譲渡し，若しくは放棄することができる。

② 前項の場合において，抵当権者が数人のためにその抵当権の処分をしたときは，その処分の利益を受ける者の権利の順位は，抵当権の登記にした付記の前後による。

（共同抵当における代価の配当）

第392条 ① 債権者が同一の債権の担保として数個の不動産につき抵当権を有する場合において，同時にその代価を配当すべきときは，その各不動産の価額に応じて，その債権の負担を按(あん)分する。

② 債権者が同一の債権の担保として数個の不動産につき抵当権を有する場合において，ある不動産の代価のみを配当すべきときは，抵当権者は，その代価から債権の全部の弁済を受けることができる。この場合において，次順位の抵当権者は，

その弁済を受ける抵当権者が前項の規定に従い他の不動産の代価から弁済を受けるべき金額を限度として，その抵当権者に代位して抵当権を行使することができる。

第3 競合債権者との利害調整

ここでも各論的な検討を行うが，「競合債権者との利害調整」という観点から総括できるいくつかの問題を取り上げる。ここで言う「競合債権者」とは，債務者Yに対して債権を有しており，その利害が抵当権者Xと同一の次元に属する者のことである（定まった用語法ではないので注意してほしい）。具体的には，後順位抵当権者（Z_1）と一般債権者（Z_2）が考えられる（図表5-1）。これらの者との利害調整をどのように行うかがここでの話題である。

図表5-1 競合債権者との利害調整（当事者の法律関係）

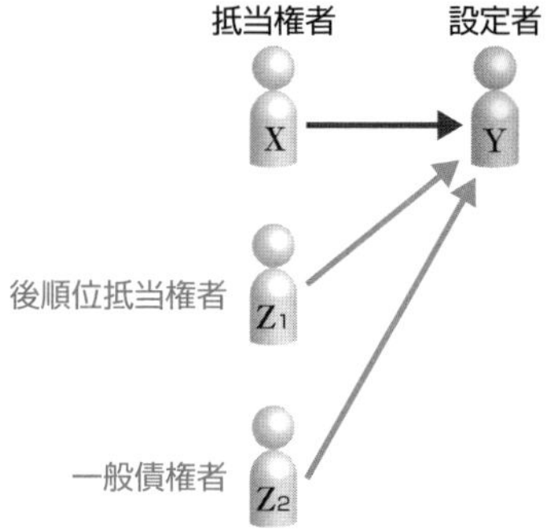

出発点となる考え方は次の通りである。XはZ_1・Z_2に対して優先権を有する。これは確かである。しかし，Xに劣後するZ_1・Z_2の権利も，一定の限度では保護されなければならないということである。抵当権者Xの優先権の内容のすべてが固定しているならば，このようなことを言う意味は乏しい。ところが，実際には，抵当権者Xは自分の有する優先権を一定の範囲で自由に行使することができる。ただ，それによって劣後するZ_1・Z_2の期

待を損なうことはできないのである。言いかえると，Xの権利行使の自由は，Z_1・Z_2の利益保護の観点からその範囲を画されるのである。

いま権利を自由に行使すると言ったが，具体的な問題は，抵当権者Xによる共同抵当の実行の場面（I）において現れるとともに，Xによる抵当権の処分の場面（II）においても現れる。前者は実行時における調整，後者は実行前における調整ということになる。時系列とは逆になるが，問題の理解のためには，この順で見ていくのが有益だろう。

なお，二つのことを付け加えておきたい。一つは，**図表5-1**の範囲からは外れる問題についてもこれらの問題を検討するのに必要な限度で言及するということ。もう一つは，共同抵当や抵当権の処分に関しては，複雑な問題はいくらでも考えられるが，あまり細かい点には立ち入らず，基本的な考え方を中心とするということである。

I　実行時の調整――共同抵当

1　問題の前提

(1)　共同抵当の必要性

「**第1**」〔UNIT 3〕で簡単に触れたように，抵当権者Xは同一の債権を被担保債権として複数の抵当権を設定することも妨げられない。これが「**共同抵当**」と呼ばれるものであった。たとえば，5000万円の債権を担保するために，債務者Y所有の甲乙二つの不動産に抵当権を設定したとすると，この二つの抵当権は共同抵当の関係に立つ。注意すべき点は，共同抵当という特殊な抵当権があるわけではないということである。二つの抵当権がこのような関係に立つ場合には，それらは共同抵当と呼ばれる関係にあり，一定の処遇を受けるということである。なお，「共同抵当」であることを示す登記は可能であるが，登記の有無によって共同抵当になったりならなかったりするわけではない。

共同抵当の場合にもXが最終的に得られるのは，先ほどの例では5000万円に限られ，5000万×2=1億円が得られるというわけではない。しかし，二つの抵当不動産があることによって担保はより確実なものとなる。人的担保の場合には責任財産を二つにするわけだが，共同抵当の場合には優先弁済が得られる不動産を二つにするわけである（図表 5-2）。

図表 5-2　共同抵当の意義

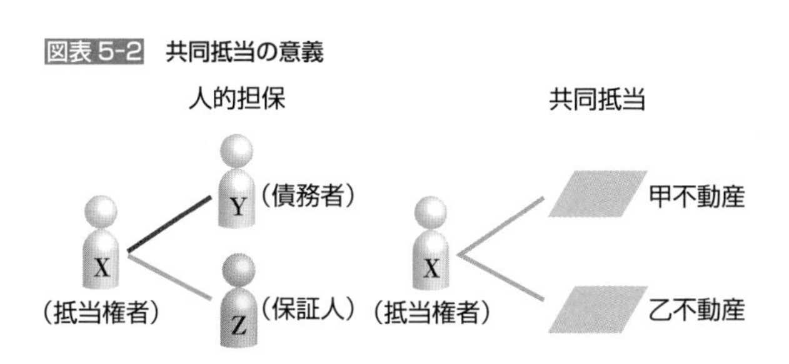

人的担保は，Y の資力が不十分あるいは将来に心配があるというときに利用されるが，共同抵当についても事情は同じである。すなわち，甲不動産だけでは担保として十分でない場合に，あるいは，甲不動産の担保価値の下落に備えて，共同抵当は利用されるのである。さらに，共同抵当が利用される理由として，次の点も付け加えておく必要がある。それは日本では土地と建物が別個の不動産とされているということである（⇒**第 1〔UNIT 3〕**）。甲土地上に乙建物が存在するという場合，抵当権者 X は甲乙の双方に抵当権を設定するのが普通だろう。そうすると，それは共同抵当になる。もちろん，土地のみ建物のみに抵当権を設定することもできるが，それでは土地の利用関係につき法定地上権（これについては後に説明する。⇒**第 4〔UNIT 6〕 I 1**）の問題が生じて面倒なことになる。できればこれを避けた方がよい。

以上のような理由により，実際には共同抵当はかなり広範に行われている。考え方としては単独抵当が原則ではあるが，実際には共同抵当の場合が多いことに注意しておく必要がある（これは相続の場合と似ている。実際には共同相続の場合が多い。⇒本シリーズ相続編）。

(2)　共同抵当の問題点

共同抵当の関係にある甲乙二つの不動産を同時に競売する場合（「**同時配当**」という）には，甲乙それぞれの価額に応じて債権額を配分する（392 条 1 項）。X の被担保債権は 5000 万円，競売した場合の甲乙不動産の価額はそれぞれ6000万円，4000万円としよう（**図表5-3**）。この場合，Xは甲から3000万円，乙から2000万円，優先弁済を受けられるのである。どちらからいくら配当を受けても合計が5000万円であることに変わりがないとすると，このような配分（「割付」と言う）は無用のことのように思われるかもしれない。しかし，共同抵当において，どのように配分（割付）を行うかは後順位担保権者の利害に大きく影響する。甲に対する割付を多くすれば乙について担保権を有する者が有利になり，逆に，乙に対する割付を多くすれば甲について担保権を有する者が有利になる。民法はバランスをとって価額に応じた配分（按分）という方式をとっているのである。

ところで，抵当不動産の競売は常に同時に行われるとは限らない。抵当権者X以外の者が甲乙の一方のみの競売の申立てをすることもあるし，抵当権者Xもまた甲乙を同時に競売すべきことを義務づけられているわけではない。それゆえ，どちらか一方の競売が先行するという場合（「**異時配当**」と言う）も出てくるのである。では，異時配当の場合にはどのような割付がなされるのだろうか。二つの方法が考えられる。一つは，同時配当と同じ配当をするという方法である。しかし，これには問題がある。甲乙の価額比は双方を売却してみないとわからないからである。もう一つは，単独抵当と同じ配当にするというやり方である。たとえば甲のみが競売されたという場合に

図表5-3　共同抵当の場合の配当の仕方（問題の所在）

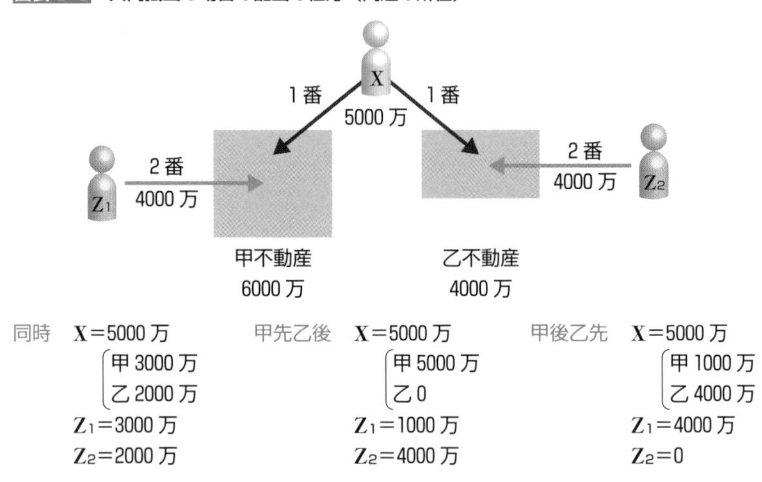

は，X に 5000 万円の配当を行うというわけである。この方法にも問題がある。甲乙のいずれが先に競売されるかによって，後順位者の利益に重大な影響が出ることになるからである。たとえば，甲には Z_1 が，乙には Z_2 が，それぞれ 4000 万円の 2 番抵当をつけているとすると**図表 5-3** のようになる。

2　解決の方向

(1)　序——単独抵当の場合

この結果はおかしいということで，民法は異時配当の結果を同時配当の結果に近づけるための制度的工夫をしている。その考え方を理解するためには，単独抵当の場合における抵当権者と一般債権者の利害調整の仕方と対比しつつ考えるのがよい。すでに触れたように（⇒**第 1〔UNIT 3〕Ⅱ 1**），抵当権者は債務者の一般財産からも弁済を受けることができる。ただし，それは実体的には残債権の額に限ってのことである（394 条 1 項）。しかし，手続的には抵当権実行が先行するとは限らないので，抵当権者は債権額全額について一般財産に対する執行において配当加入することができるとしつつ（394 条 2 項），これによって抵当権者が有利になりすぎることのないように手当をしている。すなわち，債権者の請求により抵当権者は配当額を供託しなければならないとし，抵当権実行後に不足額をこの供託金から得られるとしているのである（394 条 2 項後段）。

具体的にはどのようになるだろうか。抵当権者 X が 1000 万円の債権（抵

図表 5-4　単独抵当の場合

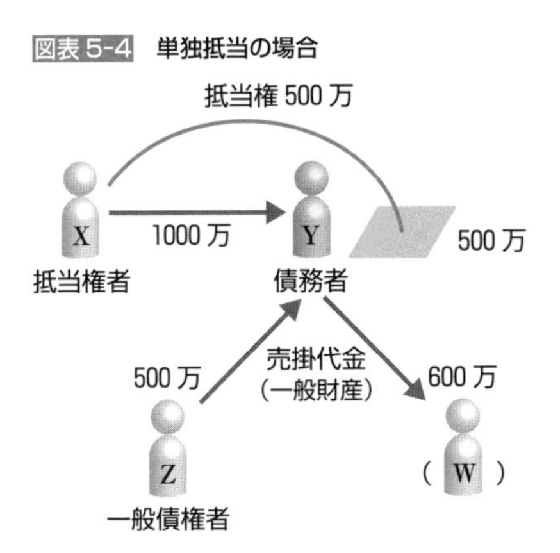

当権500万円）を有し，債務者Yは価額500万円の不動産（抵当権設定）のほかWに対する売掛代金債権600万円（一般財産）を持っており，そして，一般債権者Zが500万円の債権を有するとして考えよう（**図表5-4**）。

まず，抵当権が先に実行された場合であるが（**図表5-5①**），この場合には，Xは抵当不動産から回収した500万円を引いた残債権額500万円につき，一般債権者と同等の資格で一般財産から弁済を受けることができる。したがって，X・Zはそれぞれ300万円（600万円×1/2ずつ）だけ債権を回収できる。

では，抵当権の実行が後になった場合はどうだろうか。この場合には，Xの債権は1000万円，Zの債権は500万円なので，600万円の一般財産を按分して，Xに400万円，Zに200万円が配当されるべきものと計算される。しかし，Zの請求があれば，Xはこの400万円を供託しなければならない。そして，抵当権が実行されてXが500万円を得た段階で，Xが一般財産から取りすぎた分の100万円を，Zは供託金から受け取ることができる（**図表5-5②**）。

図表5-5　一般債権者との利害調整

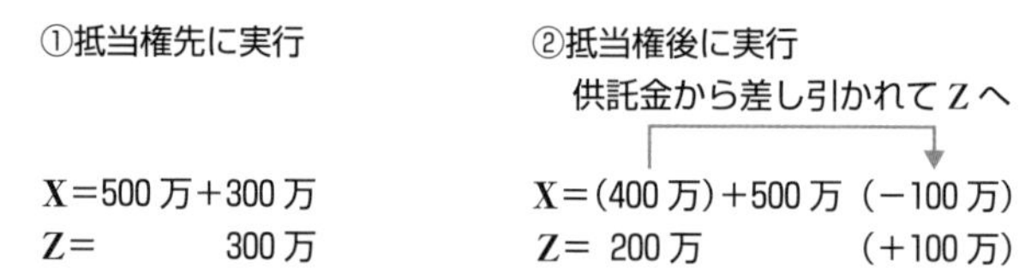

(2)　基本型＝同一の所有者の場合

共同抵当の場合にもこれと類似の工夫がなされている。異時配当の場合にも抵当権者は債権額全額につき配当を受けることができるが，（先に競売される不動産の）後順位抵当権者は，遅れて競売される不動産につき，同時配当であれば先順位抵当権者が配当を受けることができる額を限度に，その（先順位の）抵当権を代位行使することができるとされているのである（392条2項）。ここでは，供託ではなく代位というテクニックが用いられているが，基本的な考え方は，先に述べたものと共通であると言える。

図表5-3の例を使って具体的な計算の仕方を示しておこう（**図表5-6**）。

異時配当の計算の仕方　すでに述べたように，同時配当の場合には，Xは甲から3000万円，乙から2000万円で計5000万円，Z_1は甲から3000万円，Z_2は乙から2000万円を得ることができる（**下図①**）。これが最終的にめざすべき状態である。まず，甲先乙後の異時配当の場合から考えてみよう。この場合には，甲からXに5000万円，Z_1に1000万円が配当されるが，その後に，乙からXが受けるべき2000万円分につき，Z_1はXに代位して配当を受けることができる（**下図②**）。甲後乙先でも基本的には同じである。この場合には，乙からXに4000万円が配当される。その後に，甲からXに配当されるべき3000万円分につき，Xが残額1000万円を，Z_2が代位により2000万円をそれぞれ受け取ることになる（**下図③**）。

図表5-6　異時配当の仕組み

	甲		乙		
① 同時配当	X　3000万	＋	X　2000万		＝5000万
	Z_1　3000万				3000万
			Z_2　2000万		2000万
② 異時配当	X　5000万			↰	＝5000万
（甲先乙後）	Z_1　1000万	＋	（Z_1　2000万）	代位	3000万
			Z_2　2000万		2000万
③ 異時配当	X　1000万 ↰	＋	X　4000万		＝5000万
（甲後乙先）	Z_1　3000万	代位			3000万
	（Z_2　2000万）		Z_2　0		2000万

これは次のことを意味する。抵当権者Xは，同時配当を基準にして，甲乙それぞれに優先枠を持つ。異時配当の場合には，一方の枠を超えて弁済を受けることができるが，これによって後順位者に不利益が生じないように，他方の枠の残り部分につき代位を認めるということである。この結果，甲乙のそれぞれにつき存在する後順位者はXの持つ優先枠以外の部分は自分たちに残されていると期待することができることになる。

以上は，甲不動産も乙不動産も債務者Yに帰属する場合を念頭に置いている。しかし，甲不動産はYに帰属するが乙不動産は物上保証人（W_1）や第三取得者（W_2）に帰属するという場合にも，同様に考えることができるかどうかについては，なお個別の検討を要する。弁済による代位と関連する難しい問題であるが，これについては（3）で検討する。

なお，物上保証人や第三取得者が登場する場合であっても，甲乙いずれもが同一の物上保証人（W_1）や第三取得者（W_2）に帰属する場合には特別な問題は生じない。最判平4・11・6民集46-8-2625［I 95］〈50〉は，物上保証人の事案につきこのことを認めている。この判決にはもう一つ抵当権の放棄に関する論点が含まれているが省略する[1]。

共同抵当である旨の登記　前述のように，共同抵当であることは登記簿上もこれを表示することができるが，この登記は対抗要件ではなく，抵当権者に利益を与えるものではない。そのため実際にはあまりなされていないようであり，後順位担保権者は異時配当の場合に代位をする機会を逸することが多いという。立法論として批判があるところである[2]。

（3） 複合型＝異なる所有者の場合（弁済による代位）

ここでは，いくつかのパターンを取り上げて検討する。

◆ 債務者Yと物上保証人W_1

まず，債務者が甲不動産を，物上保証人が乙不動産を所有するというパターンから考えてみよう。**図表5-3**の例で，債務者（Y）が甲不動産を，物上保証人（W_1）が乙不動産を所有しているとする。ここで注意する必要があるのは，乙不動産から抵当権者Xに対してなされる配当は第三者弁済（W_1は債務者ではないから）にあたるということである。この点が以下の議論の最大のポイントである。このことを重視するならば，先に弁済にあてるべきは債務者Yの甲不動産であるということになる。この考え方に立つと次のようになる。

まず同時配当の場合には割付はすべきでない。つまり甲不動産について先に競売がなされる場合と同じ処理をすることになる（**図表5-7-1**）。この場合に，Z_1は392条2項によって乙不動産に対して代位することはできない。

1） 道垣内209-210頁の注（＊＊＊（i））を参照。
2） 鈴木・物権232頁。

図表 5-7-1 物上保証との関係（その 1）

同時配当 ‖ 異時配当 （甲先乙後）	甲	乙	
	X 5000万		=5000万
	Z_1 1000万	（Z_1 代位なし）	=1000万
		Z_2 4000万	=4000万

問題は乙不動産が先に競売される場合である。この場合には，W_1は**弁済による代位**により甲不動産に対するXの抵当権を取得する（大判昭4・1・30新聞2945-12，最判昭44・7・3民集23-8-1297〈47〉）。その結果，さしあたりZ_2のことを除外して考えるとすると，乙不動産からはXに4000万円の配当がなされ（W_1による第三者弁済に相当），弁済による代位の結果として甲不動産からはW_1に4000万円の配当がなされることになりそうである（**図表5-7-2**）。

図表 5-7-2 物上保証との関係（その 2）

	甲		乙	
異時配当 （甲後乙先）	X 1000万 ←	＋	X 4000万	=5000万
	Z_1 1000万	代位		1000万
			Z_2 0	0
	（W_1 4000万）			4000万

しかし，弁済による代位によってW_1が甲不動産上に抵当権を取得したのは乙不動産が失われた結果であった。他方，乙不動産につきW_1が負担したZ_2の抵当権は失われる。それにもかかわらず，W_1は甲不動産上に抵当権を行使しうるというのはおかしい。そこで，判例は，「あたかも物上代位するように」Z_2はW_1のこの抵当権を行使することができるとしている（最判昭53・7・4民集32-5-785〈48〉，最判昭60・5・23民集39-4-940［I 94］〈49〉。なお，後者は，W_1ないしZ_2が代位するとしてもXと対等の立場に立つのではないことも判示している。先の計算もこれを前提としている）。以上の結果，配当は次のようになり，同時配当と同じになる（**図表5-7-3**）。

図表 5-7-3　物上保証との関係（その3）

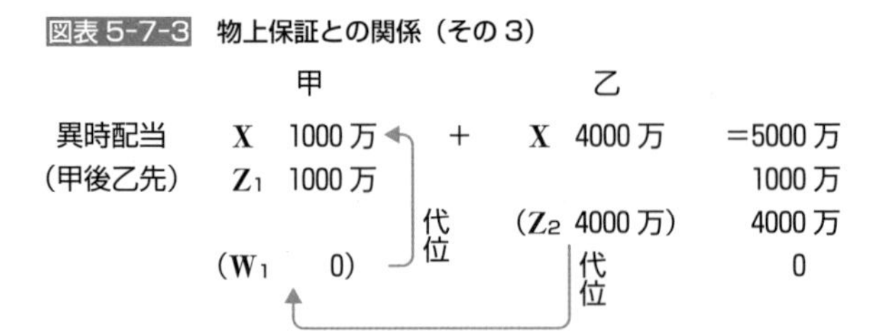

つまり，物上保証人が出てくると，共同抵当の割付は行わず，物上保証人による代位のみが片面的に生じるわけである。甲不動産に対する後順位者は，共同抵当の関係に立つ乙不動産が物上保証人所有である場合には，割付を期待してはならないということになる。

◆ 債務者Yと第三取得者 W_2

次に，第三取得者の登場するパターンを考えよう。甲乙不動産ともにY所有だったが，乙不動産は第三取得者 W_2 に譲渡されたという場合を考えてみよう。一方で W_2 は物上保証人的な地位に立つことになるが，他方，甲不動産に2番抵当権を有する Z_1 は，Xの1番抵当権は共同抵当であると考えて割付を期待している。両者の利益の調整は，W_2 と Z_1 の権利の先後関係によってはかられるべきだろう。すなわち，W_2 登場前に Z_1 が登場しているのであれば Z_1 の期待を保護して割付を行い，逆に，Z_1 登場前に W_2 が登場しているのであれば W_2 の期待を保護して割付を行わないことになる。別の言い方をすると，このパターンは，これまでに述べた二つのパターン（甲乙→債務者のパターンか甲→債務者，乙→物上保証人のパターン）のどちらかに還元されるわけである。

◆ 物上保証人 W_1 と物上保証人 W_1'

このほかに，物上保証人 W_1 が甲不動産を，物上保証人 W_1' が乙不動産を所有するというパターンが考えられるが，これについては省略する[1]。

1）　内田567頁，道垣内211-213頁を参照。

Ⅱ　実行前の調整――抵当権の処分

1　転抵当

転質と同様に転抵当も認められている（376条1項)。抵当権者はこれによって融資を受けることができる。転抵当の法律構成についても議論はいろいろあるが，今日では抵当権に担保権を設定するという考え方（抵当権担保設定説）が有力になっている[1)]。なお，転質と転抵当とを同じように考えるべきか（考えることができるか）について議論がありうるが省略する[2)]。

転抵当権の設定は，抵当権者Xと転抵当権者W_3との合意で行われうることに注意してほしい（図表5-8)。これを**「責任転抵当」**と言う。原抵当権設定者や後順位抵当権者の合意を要しないがゆえに，それらの者の利益を害することができないという点が重要なところである。関係者の合意を得て行う転抵当（**「承諾転抵当」**と言う）は376条1項を待たずとも可能である。

図表5-8　転抵当（当事者の法律関係）

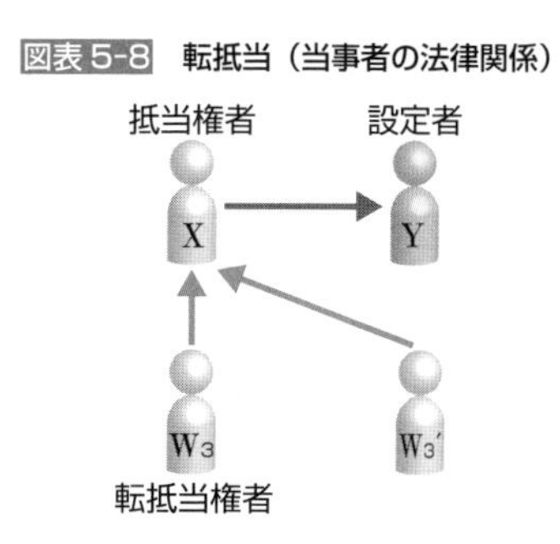

転抵当の対抗要件は，同様の地位に立つ権利者（W_3'）に対しては**付記登記**（376条2項)，原抵当権の被担保債権の債務者等に対しては債務者への通知・債務者からの承諾である（377条1項)。後者の対抗要件を備えた後は，債務者はもちろん何人も原抵当権の被担保債務の弁済をもって転抵当権者に対抗できない（377条2項)。ただし，債務者等は供託を行うことは認められ

1)　道垣内192頁，193頁注（＊)，内田549頁。
2)　道垣内100-101頁の注（＊，＊＊）と193頁の注（＊）を参照。

ている。これによって原抵当権は消滅するが，転抵当権は供託金還付請求権の上に存続すると解されている。

最後に，転抵当権者は原抵当権を実行することができる[1]。

2 その他の処分

そのほかに，抵当権およびその順位について，それぞれ譲渡・放棄と呼ばれる処分が可能であるとされている（376条1項）。**抵当権の処分**には計4種がありうるわけだが[2]，その相違は次の通りである（図表5-9）。なお，対抗要件などについては転抵当の場合と同じである。

図表5-9 抵当権の処分

処分の種類	受益者	効果
抵当権の譲渡	一般債権者	処分者に優先
抵当権の放棄	一般債権者	処分者と同位
抵当権の順位の譲渡	後順位抵当権者	処分者に優先
抵当権の順位の放棄	後順位抵当権者	処分者と同位

具体的にはどうなるだろうか。1番抵当権者A（被担保債権額1000万円），2番抵当権者B（同2000万円），3番抵当権者C（同3000万円），無担保の一般債権者D（債権額は1000万円）とし，目的物の価額を4000万円として考えてみよう（図表5-10）。

図表5-10 各種の処分の帰結

債権者と債権額（抵当権・順位）	A＝1000万（1番）	B＝2000万（2番）	C＝3000万（3番）	D＝1000万（なし）
処分なし	A＝1000万	B＝2000万	C＝1000万	D＝　0
抵当権・譲渡（A→D）	A＝　0	B＝2000万	C＝1000万	D＝1000万
抵当権・放棄（A→D）	A＝ 500万	B＝2000万	C＝1000万	D＝ 500万
順位・譲渡（A→C）	A＝　0	B＝2000万	C＝2000万	D＝　0
順位・放棄（A→C）	A＝ 500万	B＝2000万	C＝1500万	D＝　0

1） 道垣内195-196頁の説明を参照。
2） 星野Ⅱ267頁に丁寧な説明がある。

優先枠による説明 ここでも，優先枠の考え方を使うとわかりやすい。その結果，たとえば，次のような帰結も導かれる。

①抵当権放棄（A→D） A＝500万 D＝500万
②順位放棄 （A→C） A＝500万 C＝1500万

①の場合には，AとDとは同順位になり，Aの把握している1000万円の優先弁済分（枠）は，債権額（Aについては被担保債権額，Dについては債権額）に応じて享受されるのに対して，②の場合には，やはりAとCとは同順位になるのだが，ここではAとCとの把握している1000万円＋1000万円の優先弁済分（枠）は，被担保債権額に応じて享受されるわけである。

注意を要するのは，Aが1番抵当権によって担保された1000万円のほかに，たとえば無担保の債権を5000万円持っていたとしても，この債権（および債権額）はここでは無関係であるということである。この債権はAが持つ無担保の別の債権としてDと同順位に扱われる。したがって，AがCに順位の放棄をしたことによって，2000万円を6：3で分けることにはならない。なお，CがDに抵当権を放棄した場合には，Cの優先弁済分1000万円は3：1で分けられる（このケースではCの被担保債権はあくまでも3000万円であり被担保債権1000万円＋無担保債権2000万円ではない）。

計算から離れて，さらに2点を補足しておく。第一に，これらの処分は当事者間の合意だけで行えるということ。そのため他の権利者の利益を害することはできない（**図表5-10**の枠囲いの部分を見よ）。なお，1971（昭和46）年改正によって順位の変更を認める規定が新設されたので（374条1項2項），今日では，ABCの順位を三者の合意によってCBAとすることも可能である。第二に，抵当権の処分はなぜ行われるかということ。設定者にとっては有利な地位が提供されることによって追加融資を受けられるという大きなメリットがあるが，処分を行う抵当権者自身には直接のメリットはない。それにもかかわらず抵当権の処分がなされるのは，設定者を救済することや譲渡を受ける者（銀行であることが多い）に便益を提供することに事実上のメリットがある場合が存在するからだろう。

最後に,「**第2**」「**第3**」〔**UNIT 4, 5**〕のまとめに代えて,次のことを述べておく。

これまで取り上げてきた議論は具体的なものであり,基本的にはそれぞれの状況において問題となっている利害関係をよく理解して,個別的に考えていく必要がある。

しかし,それにもかかわらず,いくつかの問題に共通の思考様式を見いだすこともできないわけではない。一つは,抵当権は目的不動産の使用収益には干渉しないという考え方であり,もう一つは,被担保債権と切り離した抵当権自体の処分をできるだけ認めようという考え方である。前者は,短期賃貸借・抵当権侵害・物上代位などに見られた。後者は,本書では紙幅の関係もあって必ずしも十分に触れることができなかったが,抵当権の処分について見られるものである。

近代的抵当権論[1]　さらに言えば,上に述べた二つの点は共通の一つの考え方によって支えられている。それは,抵当権を価値権として理解し,それを投資の対象として把握しようという考え方で「**近代的抵当権論**」と呼ばれるものである。この考え方には今日では批判も強まっている。たとえば,この考え方が理想とするドイツ型抵当権は特殊な歴史的条件に由来するものであることが指摘され(鈴木),また,フランスや日本の抵当権は利用権にも影響を及ぼすものとして構想されていることも示唆されている(内田)。そして,「**第2**」で見たように,平成11年大法廷判決は,ついにこの考え方を脱する方向を示すに至った。しかし,そこには,バブル対策のための緊急措置という側面もあった。また,日本の担保法学は,今日でもなお,我妻栄によって強調されたこの考え方の影響を完全には脱しておらず,あちらこちらの議論において無意識の前提とされていることが少なくないことも知っておいてよいだろう。

1) 松井宏興「近代的抵当権論」民法講座3。なお,REFERENCES も参照。

MAIN QUESTION

抵当権者は何ができるか？

KEY SENTENCES

■抵当権者は自分の有する優先権を一定の範囲で自由に行使することができる。ただ，それによって劣後する者の期待を損なうことはできない。

■甲土地上に乙建物が存在するという場合，抵当権者は甲乙の双方に抵当権を設定するのが普通だろう。そうすると，それは共同抵当になる。

■共同抵当において，どのように配分（割付）を行うかは後順位担保権者の利害に大きく影響する。

■（物上保証人の有する）乙不動産から抵当権者に対してなされる配当は第三者弁済……にあたる。（そうだとすると，）先に弁済にあてるべきは債務者の甲不動産である。

■物上保証人が出てくると，共同抵当の割付は行わず，物上保証人による代位のみが片面的に生じる。……甲不動産に対する後順位者は，共同抵当の関係に立つ乙不動産が物上保証人所有である場合には，割付を期待してはならない。

TECHNICAL TERMS

共同抵当　同時配当・異時配当　弁済による代位　責任転抵当・承諾転抵当　付記登記　抵当権の処分　近代的抵当権論

REFERENCES

松井宏興・抵当制度の基礎理論（法律文化社，1997）

いわゆる近代的抵当権論を批判するもの。これ以前にドイツの抵当権について検討したものとして，鈴木禄弥「ラントシャフトに関する一考察（1・2）」同・抵当制度の研究（一粒社，1968，初出，1953）がある。フランスの抵当制度については，池田恒男・今村与一両教授の一連の研究のほか，最近では，阿部裕介・抵当権者の追及権について（有斐閣，2018，初出，2012-14）が現れた。

■ UNIT 6 特殊な抵当権――抵当権はどのように発展したか？

第1章 物的担保
　第2節 抵当権
　　第4 特殊な抵当権
　　　I 序
　　　　1 法定地上権――担保目的物の拡大へ
　　　　　(1) 制度趣旨
　　　　　(2) 解釈上の諸問題
　　　　　(3) 一括競売権
　　　　2 登記の流用――被担保債権の流動化へ
　　　II 特別法上の抵当権
　　　　1 企業財産抵当権
　　　　2 動産抵当権
　　　III 根抵当権
　　　　1 根抵当権の成立
　　　　　(1) 意義　(2) 設定
　　　　2 根抵当権の効力
　　　　　(1) 変更　(2) 確定

■参照条文■ 388条，389条，398条の2～398条の22，工場抵当法
＊みかた 2-6

（法定地上権）
第388条　土地及びその上に存する建物が同一の所有者に属する場合において，その土地又は建物につき抵当権が設定され，その実行により所有者を異にするに至ったときは，その建物について，地上権が設定されたものとみなす。この場合において，地代は，当事者の請求により，裁判所が定める。
（抵当地の上の建物の競売）
第389条　①　抵当権の設定後に抵当地に建物が築造されたときは，抵当権者は，土地とともにその建物を競売することができる。ただし，その優先権は，土地の代価についてのみ行使することができる。
②　前項の規定は，その建物の所有者が抵当地を占有するについて抵当権者に対抗

することができる権利を有する場合には，適用しない。

（根抵当権）

第398条の2 ① 抵当権は，設定行為で定めるところにより，一定の範囲に属する不特定の債権を極度額の限度において担保するためにも設定することができる。

② 前項の規定による抵当権（以下「根抵当権」という。）の担保すべき不特定の債権の範囲は，債務者との特定の継続的取引契約によって生ずるものその他債務者との一定の種類の取引によって生ずるものに限定して，定めなければならない。

③ 特定の原因に基づいて債務者との間に継続して生ずる債権，手形上若しくは小切手上の請求権又は電子記録債権（電子記録債権法（平成19年法律第102号）第2条第1項に規定する電子記録債権をいう。次条第2項において同じ。）は，前項の規定にかかわらず，根抵当権の担保すべき債権とすることができる。

（根抵当権の被担保債権の譲渡等）

第398条の7 ① 元本の確定前に根抵当権者から債権を取得した者は，その債権について根抵当権を行使することができない。元本の確定前に債務者のために又は債務者に代わって弁済をした者も，同様とする。

② 元本の確定前に債務の引受けがあったときは，根抵当権者は，引受人の債務について，その根抵当権を行使することができない。

③ 元本の確定前に免責的債務引受があった場合における債権者は，第472条の4第1項の規定にかかわらず，根抵当権を引受人が負担する債務に移すことができない。

④ 元本の確定前に債権者の交替による更改があった場合における更改前の債権者は，第518条第1項の規定にかかわらず，根抵当権を更改後の債務に移すことができない。元本の確定前に債務者の交替による更改があった場合における債権者も，同様とする。

第4　特殊な抵当権

一般の抵当権に関しては「**第1**」から「**第3**」〔UNIT 3〜5〕までで一通り終えたことにして，「**第4**」では特殊な抵当権について説明する。取り上げる抵当権は2種類ある。一つは特別法上の各種の抵当権であり（**Ⅱ**），もう一つは民法に条文が追加された根抵当権である（Ⅲ）。

ところで，実は，一般の抵当権（普通抵当権と言うことがある）に関する問題のすべてについて説明が終わっているわけではない。法定地上権の問題と登記の流用の問題がなお残されている。特殊な抵当権に関する説明の序として，これらをまず取り上げることにする（Ⅰ）。

Ⅰ　序

法定地上権の問題と登記の流用の問題がなぜ特殊な抵当権に関する序となるのか。この点につき，まず一言述べておこう。

詳しくは後で述べるが，2種の特殊な抵当権はいずれも抵当権の実効性を高めようという点では共通しているものの，めざす方向は異なっている。特別法上の抵当権は担保目的物の拡大を目的とするものであると言える。これに対して，根抵当権は被担保債権の流動化をめざすものであると言うことができる。

ところで，このような方向は普通抵当権に関する制度や運用にも見いだせないわけではない。前者の方向（担保目的物の拡大）と関連づけることができる制度として法定地上権を，後者の方向（被担保債権の流動化）と軌を一にする運用として登記の流用を，それぞれあげることができるのではないか。法定地上権の問題，登記の流用の問題をここで説明するのは，そのように考えるからである。

1　法定地上権[1]――担保目的物の拡大へ

(1)　制度趣旨

くりかえし述べているように，日本では土地と建物とは別個の不動産とされている（⇒第1〔UNIT 3〕）。それゆえ，建物につき設定された抵当権の効力は敷地には及ばない。もっとも，建物所有者と敷地所有者が異なる場合には

1）　松本恒雄「民法388条」民法典の百年Ⅱを参照。

建物所有のために敷地利用権が設定されているのが普通である。そこで，建物抵当権の効力は，**従たる権利**であるこの利用権にも及ぶものと解されている（図表6-1）。

ところが，建物所有者と敷地所有者とが同一である場合には，敷地利用権の設定は行われない（行えない）。そのため，競売によって建物を取得した者（W）は敷地利用権を獲得することができないことになる。これでは困るということで考案されたのが，**法定地上権**という制度である。このような場合には，抵当権設定者YがWのために地上権を設定したとみなすとされているのである（388条）。

図表6-1　従たる権利としての約定利用権

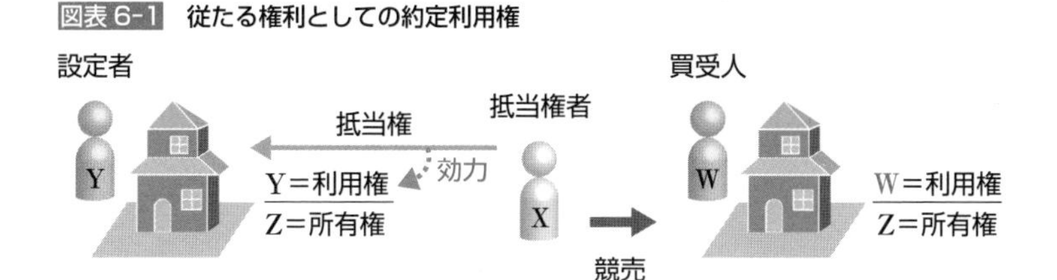

約定利用権の存在・存続　建物所有者Yと土地所有者Zが異なる場合には，建物に付けられたXの抵当権の効力は，建物の従たる権利である敷地利用権にも及ぶと述べた。そこでは，Yが利用権を有しているというのが前提である（利用権なしに敷地を不法占拠している場合にまで，抵当建物の買受人は利用権を取得するというわけではない）。このような場合には，通常は利用権があるはずだからその利用権に抵当権の効力が及ぶとすればよい。しかし，建物と敷地とが同一所有者に帰属する場合には，同一人間での利用権設定がありえないので，あたかもそれがあったのと同じ効果が生ずるように法定地上権を発生させるというわけである。

なお，利用権が存在しても抵当権に対抗できないものであれば競売によって利用権は消滅するというのも，議論の前提である。そのような場合に法定地上権を認める必要はないのかという議論はあるが，それはまた別の問題である。たとえば，親族間の利用権を使用貸借によるものと考えると対抗力を備えることができないので，これを賃貸借と解釈すべきことが提案されている（性質は賃貸借だが賃料を免除していると構成する。やや無理がある)。また，法律が発生させる利用権が地上権である必要はないではないかという疑問もあるが，それも別の問題である。立法政策としては別の考え方も可能であり，実際のところ，仮登記担保法では法定賃借権が認められている（仮登記担保10条)。

法定地上権が認められていることによって，建物と敷地とが同一所有者に属する場合においても，抵当目的物たる建物の買受人は，建物とその敷地利用権を獲得することができることになるわけである。別の言い方をすると，法定地上権は，土地所有権に包含されており潜在化していた建物のための敷地利用権を競売に際して顕在化させてそれに抵当権の効力を及ぼす制度であるということになる（図表6-2-1)。

図表6-2-1 法定地上権（その1・建物抵当）

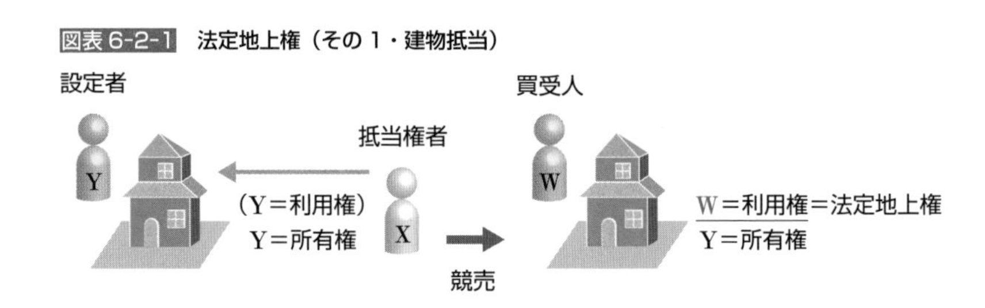

なお，建物ではなく土地にXの抵当権が設定されている場合にも，法定地上権は成立する。ただし，この場合に保護されるのは買受人Wではなく，抵当権を設定したYである。Wとしては，完全な所有権ではなく法定地上権の負担の付いた所有権しか取得できないことになる。しかし，土地と建物が異なる所有者に属し，建物所有者が敷地利用権を得て対抗要件を備えていたのであれば，やはりWは完全な所有権は取得できない。Wは，その場合と同じ状況になることを甘受せよということである（図表6-2-2)。

◆ 要　件

法定地上権の要件は次の通りである（388条)。①抵当権設定時に土地上に建物が存在すること，②土地と建物とが同一の所有者に属すること，③土地・建物の一方に抵当権が設定されていること。②は制度の中核をなす要件であり，説明を要さないだ

図表6-2-2　法定地上権（その2・土地抵当）

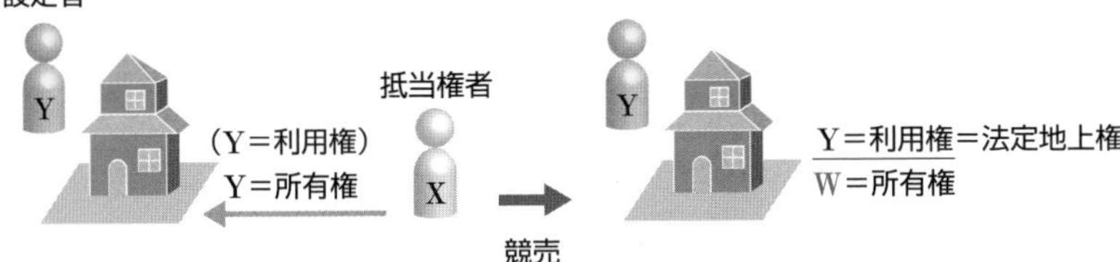

ろう。①は土地抵当権の場合につき抵当権者の利益に配慮するものである。抵当権設定当時に建物があれば法定地上権を甘受すべきだが，そうでない場合には法定地上権が成立しないという前提で担保評価をするだろうから，法定地上権を認めるわけにはいかない（売却価額が下がるから）というわけである。これは，法定地上権に関する諸問題を考える際の出発点になる考え方である。③については，今日ではどちらか一方ではなく双方に抵当権が設定されているという場合も含むと解されている。立法者は双方に抵当権が設定されていれば一括競売されるだろうと想定していたようであるが，今日では別々に競売することは妨げられないと解されているからである。なお，これらの要件，特に，①②についてはそれぞれ解釈上の問題がある。これらの点については（2）で検討する。

◆ 効　果　効果としては建物所有者のために地上権が発生するわけだが，その内容は原則として合意によって決められる。ただし，期間については借地借家法の適用があると解されており，また，賃料については合意が調わない場合には裁判所で決めるという規定がある（388条後段）。法定地上権を買受人に対抗するには登記は不要である。両者は当事者の関係に立つからである。これに対して，法定地上権成立後に土地を取得した者に対しては登記がなければ対抗できないとされている[1)]。

建物抵当権の効力が敷地利用権に及ぶことの意味　日本法は確かに土地と

1）　反対，大村敦志「法定地上権と登記」ジュリスト774号（1982）。

建物を別個の不動産とした。しかし，建物抵当権の実行によって生ずる不都合を回避するために，既存の敷地利用権は「従たる権利」となるとし，また，既存の敷地利用権がありえない場合には法定地上権を成立させることとした。つまり，いったんは分離した建物と土地とをこの限りで結びつけ，建物と敷地利用権はあたかも一体として抵当権の目的となっているかのような扱いをすることにしたのである。

このようなことが可能だとすると，さらに進んで，もともとは別々の物を同一の抵当権の目的とすることはできないか，すなわち，抵当権の効力の及ぶ範囲を拡張することができないかが問題となるのである。この要請に応えようというのが特別法によって認められている抵当制度なのである（もっとも，すべてがこの要請に応えるわけではない)。

(2)　解釈上の諸問題

法定地上権に関する解釈上の問題は少なくないが，以下においては主要な問題のみを取り上げる[1)]（なお，土地も建物も共有という場合に関する判例として，最判平6・12・20民集48-8-1470［I 93］〈38〉があることだけを付け加えておく)。ここで取り上げる問題は次の二つである。

第一は，①の要件にかかわる問題であり，建物の滅失再築の場合に法定地上権はどうなるかというものである（図表6-3)。たとえば，Xの抵当権が設定されている敷地の上に存在する建物を，ZがYから譲り受けたとしよう。この場合には，Zは土地が競売されても法定地上権が成立することを期待して建物を譲り受けているはずである（この場合にも②の要件は満たされているので法定地上権は成立する。なお，この例では約定利用権が設定されているはずだが，

図表6-3　滅失再築の場合

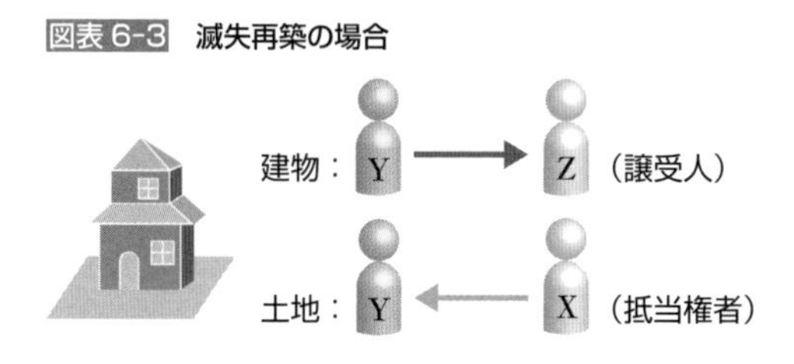

1)　そのほかの問題につき，道垣内219-222頁注（＊，＊＊)。

これは抵当権に劣後するため競売で覆るので，法定地上権を認める必要がある)。それゆえ，偶然の事情により建物が失われた場合に法定地上権が消えてしまうとZの利益は大きく損なわれる。また，Xとしては最初から法定地上権の成立を覚悟しているのだから，この場合に法定地上権を認めても支障はない。

では，法定地上権の存続期間はどうなるだろうか。特に，旧借地法においては建物が非堅固であるか堅固であるかによって期間に差があった。そのため，非堅固建物の滅失後に堅固建物が再築された場合に期間はどうなるかという問題が生じた。最判昭52・10・11民集31-6-785〈29〉は，この問題について，原則としては旧建物を基準に期間を決めるが，それは抵当権者に不測の損害を被らせないためであるとして，抵当権者の利益を害しない特段の事情がある場合には，例外的に新建物を基準とすることができるとした。そして，この事案においては，抵当権者が新建物の建設を前提に担保価値を評価していたので特段の事情があると言えるとしたのである。

なお，このように抵当権者の期待を具体的に考慮するということになると，そもそも①の要件を最初から満たさない場合（**更地**の場合）であっても，建物が建って法定地上権が成立するという前提で担保価値が評価された場合には法定地上権を認めることができるのではないかという問題が提起されることになる。

他方，やはり抵当権者の期待という観点から，抵当権者が土地と建物につき共同抵当を有していたが，建物が滅失し新築がなされたという場合については，新建物につき法定地上権が認められないのが原則であるとする判例が現れている（最判平9・2・14民集51-2-375［I 92］〈30〉）。抵当権者は土地建物の全体を担保目的として押さえようとして共同抵当を付けたわけであり，建物滅失後は土地（更地）全体の担保価値を把握していたのに，新建物につき法定地上権が成立すると，地上権相当分の価値下落が生じてその利益が損なわれるというのである[1]。

第二に，②の要件にかかわる問題として，この要件の存否はいつを基準に

1） 批判として，鈴木・物権218-219頁。

判断するのかという問題がある。特に，1番抵当権設定時には土地と建物の所有者は異なっていたが，2番抵当権の設定時には同一になっていた場合をどう処理するかについては，判例が存在する。この問題については，建物に抵当権が設定されている場合と土地に抵当権が設定されている場合とを分けて考える必要がある。建物抵当権の場合に関しては，判例は法定地上権の成立を認めている（最判昭53・9・29民集32-6-1210。大判昭14・7・26民集18-772も同旨）。土地抵当権の場合はどうかというと，最判平2・1・22民集44-1-314〈31〉は，1番抵当権設定当時に法定地上権成立の要件が充足されていない場合には，後順位抵当権設定時に要件が充足されたとしても，法定地上権は成立しないとした。その理由としては，1番抵当権者は法定地上権の負担のないものとして土地の担保価値を評価しているので，これを害することはできないということがあげられている。

学説を見ると，建物抵当権に関する判例については，これを支持するものもあるが，この場合には約定利用権が存続するので（混同により消滅しない。520条ただし書参照），法定地上権を認めなくともよいという見解も有力である。また，土地抵当権に関する判例については，法定地上権は認められないとしても，約定利用権が競売によって覆るか否かはなお論ずる余地があるとされている。

1番抵当権設定時基準の意味　判例は，土地を目的とする先順位抵当権の設定時において土地・建物の所有者が異なっていても，土地・建物が同一人に帰属した後で土地に後順位抵当権が設定された場合において，先順位抵当権が設定契約の解除によって消滅した後に後順位抵当権が実行されたときには，法定地上権が成立するとしている（最判平19・7・6民集61-5-1940［Ⅰ91］〈32〉）。この場合には，実行された抵当権が1番抵当権にあたるという考え方に立っていることになる。

以上の第一点・第二点を通じて，学説には利用権を確保しようという傾向が認められるが，これに対して，最近では法定地上権の濫用が行われることもあるという指摘もされている[1]。

(3) 一括競売権

最後に**一括競売権**について一言する。更地に抵当権を設定した後で建物が建てられたという場合，抵当権者は土地とともに建物も競売することができる（389条)。これが一括競売権である。もっとも，この場合，抵当権者が優先弁済を得られるのは土地の売却代金からに限られる。一括競売は権利であり義務ではないと解するのが一般である。そうだとすると，抵当権者は一括競売が有利だと考える場合にのみこれを行えばよい。

この権利は，一定限度で（競売権のみを認めるという限度で)，土地抵当権の効力を建物に及ぼすものであるとも言える。

民法389条の改正　2003年改正以前には，一括競売の対象となるのは抵当権設定者自身が抵当地に建てた建物に限られていたが，改正法では，このような制約が外された（389条1項)。この結果，第三者の建物についても一括競売が可能になった（従来は，これが不可能だったために，バラックを建てて執行妨害が行われることがあった)。ただし，建物所有者の占有権原が抵当権者に対抗できる場合には，一括競売は行えない（389条2項。387条により劣後賃借権が対抗力を得た場合がこれにあたるとされている)。

2 登記の流用――被担保債権の流動化へ

以前にも触れたように（⇒**第1**〔UNIT 3〕I **1**(3))，弁済などにより消滅した抵当権の登記を別の債権を担保する別の抵当権の登記として流用する合意がなされることがある。これが**登記の流用**である。

判例は原則としてこれを無効とする態度をとっている。しかし，中には当事者間では有効とするものや不利益を被らない第三者は無効を主張できないとするものもある。学説を見ると，原則有効説（ただし，実体関係が成立する以前に現れた第三者には対抗できない）が有力になっているが，原則として無効としつつ信義則による制限をかける見解も説かれている[2]。

---

1) 内田518-519頁。
2) 道垣内138頁。

ここで指摘しておきたいのは，いったん抵当権の登記をしたら，それをそのままにして，次々と発生し消滅する複数の債権を担保させたいという要請が存在するということである。普通抵当権ではこれを実現するのは困難であるが，後で述べる根抵当権はこの要請に応えるものとして発生したものなのである（Ⅲ）。

Ⅱ 特別法上の抵当権

民法典の定める普通抵当権は特定の不動産を目的物とするものであった。しかし，取引社会は担保目的物の拡張を望み，特別法が二つの方向でこれに応えようとした。ただし，いずれについても，その成果は必ずしも十分なものとは言えない。

1 企業財産抵当権

まず，特定の物（不動産）にとどまらず，それに付属するさまざまな物にまで抵当権の効力を拡張する試みがなされた。この方向での立法の展開は三つのステップに分けてとらえることができる。

◆ **工場抵当権**

はじめに，工場敷地・工場建物に設定された抵当権は工場備え付けの機械・器具にも及ぶものとする制度が設けられた。「工場抵当権」と呼ばれるものであり，工場抵当法（1905年）によるものであった。目的不動産が工場であれば工場抵当権として扱われ，合意によって工場抵当権を特別に設定する必要はない（工抵2条）。ただし，登記の際に機械・器具等を**目録**に記載して提出することが要求されており（工抵3条），判例はこれをもって工場抵当権の対抗要件と解していたが（最判平6・7・14民集48-5-1126），2004年の改正によって条文上もその旨が確認された。

◆ **財団抵当権**

このような工場抵当権によって一括担保化できる対象には限度がある。賃借権や工業所有権などの権利，あるいは，備え付けていない機械・器具（運送用自動車など）は，担保目的にならない。そこで，企業経営のための物的設備や権利を一括して一つの**財団**を形成するものとして，この財団を不動産または動産とみなして抵当権を設定するという制度が設けられることになる。これが**財団抵当権**である。1905年に，工場財団（工場抵当法），鉱業財団（鉱業抵当法），鉄道財団（鉄道抵当法）について認められ，その後さらに種類が増えている（戦前に3種，戦後に3種）。これらの抵当権を設定するためには，まず財団を設定するために財団目録を作成し財団登記簿へ登記を行う必要がある（たとえば，工抵8条・9条）。その上で，当該財団への抵当権設定が可能になる[1]。

工場抵当と工場財団抵当　工場抵当法においては，**工場抵当権**と**工場財団抵当権**の双方が定められているが，財団を設定すれば財団抵当権を設定することができるが，この手続をとらなくとも工場抵当権は当然に生ずるという二段構えがとられていたわけである。

◆ **企業担保権**

しかし，財団抵当権にもなお限界があった。種類が限定されていること，目録作成の手続が面倒なことに加えて，財団抵当権では，商品や売掛代金などの流動資産やノウハウなどを担保目的物とすることができない。ところが，これらが大きな資産価値を持つ場合も少なくない。そこで，会社の総財産を一括して担保化する**企業担保権**を認める企業担保法（1958年）が制定されることとなった。ただし，この担保権は，株式会社の社債の担保にしか用いることができず，また，その効力は弱いものでしかないので，実際にはあまり用いられていないという。

2 動産抵当権

次に，**登録制度**を設けて，不動産ではなく動産に抵当権を設定できるようにしようという立法もなされた（**動産抵当制度**）。農業動産抵当権（農業動産信用法，1933年）を端緒として，自動車抵当権（自動車抵当法，1951年），航空機抵当権（航空機抵当法，1953年），建設機械抵当権（建設機械抵当法，1954年）が認められている。しかし，手続が煩雑であり効力にも問題があるというこ

1）財団抵当権については，鈴木・物権262-263頁の一覧表を参照。

とで，これらもあまり用いられていない。

新しい動産抵当制度の立法へ　主として不動産を対象として行われた担保・執行法制の改正に続き，2003年秋からは，動産・債権担保法制の改正作業が始まり，その中で，動産の一括担保化を可能にする登記制度の構築が検討され，2004年の改正においては，動産についても一括担保化を促進する立法がなされるに至った。具体的には，動産譲渡登記制度が新設されたが，この制度は動産譲渡につき登記がなされた場合には引渡し（178条）があったものとみなすものであり，新たに特別な動産抵当制度を設けたというわけではない[1]。

Ⅲ 根抵当権[2]

もともと民法上の抵当権は特定の債権を担保することを予定していた。しかし，取引社会はこの点の緩和を求めて，「**根抵当**」という取引慣行を生み出した。そして，これを規律する規定が民法典に新設されることとなった（398条の2〜398条の22。1971年改正)。以下，普通抵当権（前述のように，根抵当権と対比して，一般の抵当権をこのように呼ぶことがある）と異なる点に注意しつつ，その特色を簡単に説明する。

1 根抵当権の成立

(1) 意　義

取引が1回限りであれば普通抵当権でよいが，継続的な取引の場合には，個別の取引ごとに抵当権を設定登記するのではきわめて面倒なこととなる。たとえば，メーカーと問屋の取引を考えてみればよい。問屋は必要に応じて商品を注文し，一定期間ごとに（たとえば毎月末に）代金を支払う。この場合に，1回の注文ごとに抵当権を設定し，毎月末に代金を決済するごとにこれ

1）この問題も含めて，より広い視野から担保法の将来を展望するものとして，内田貴＝角紀代恵＝道垣内弘人「シンポジウム・変容する担保法制——理論と政策」金融法研究19号（2003）を参照。

2）小林資郎「根抵当」民法講座3を参照。

を抹消するというようなことは考えられない。

そこで，将来にわたって継続的に発生する多数の債権を一括して被担保債権とすることが行われるようになった。これが根抵当権である。明治時代にすでに始まっていた慣行でありかなり多く用いられてきた（全抵当権の約3割）。民法典に規定が設けられる以前は普通抵当権を利用して行われてきたが，判例は古くからその有効性を承認してきた（大判明34・10・25民録7-9-137，大判明35・1・27民録8-1-72）。

しかし，明文の規定がないためにさまざまな解釈上の疑義が生じた。特に，戦後，銀行などが包括根抵当権（債権者・債務者間に生ずる一切の債権を被担保債権とする）を用いるようになったが，1955年の法務省民事局長通達がその有効性を否定したために，取引社会は大きな混乱に見舞われることとなった。これに対応するために，1971年改正が行われることとなったというわけである。

(2) 設 定

以上のように，根抵当権の特色は被担保債権が流動する点にある。別の言い方をすると，根抵当の場合，抵当権と被担保債権の間には付従性がない（成立・消滅の双方において）。それでは，いかなる債権であっても，また，債権額の制限なしに，根抵当権者は優先弁済を受けることができるのだろうか。

まず，被担保債権の範囲であるが，現行法は，根抵当権の設定契約において何らかの形で被担保債権の範囲を画定することを要求している（398条の2第1項）。その方法は，債権発生原因である取引そのもの，またはその種類を限定するというものである（398条の2第2項）。なお，取引外で生じた債権であっても，特定の原因に基づいて継続して発生する債権と手形・小切手上の請求権は，特別に被担保債権とすることができる。実際には，「○○取引による債権及び手形・小切手債権」という形で画定されることが多い。

その際に「○○取引」の内容が問題になることもあるが，判例には「信用金庫取引による債権」に保証債権が含まれるとしたものがある（最判平5・1・19民集47-1-41）。なお，この判決において，最高裁は設定契約の解釈を取引慣行に照らして客観的に行う姿勢を見せたが，学説の中には，当事者間での契約解釈と第三者対抗要件である登記簿の記載の解釈とを切り離すべきだとの見解も現れた。しかし，第三者との関係でその内容が法定されている物権設定契約に関しては，当事者間の合意もその枠内で行われると解すべきではなかろうか。未登記の設定契約の独自性をどの程度のものと考えるかにもかかわるが，問題の指摘にとどめる。

次に，被担保債権の額であるが，現行法は優先弁済の限度額を登記すべきこととしている。この額を「**極度額**」と言う（398条の2第1項）。以前に（⇒**第3〔UNIT 5〕**），共同抵当や抵当権の処分を説明する際に，「優先枠」という比喩を用いたが，この比喩は根抵当の場合によりよくあてはまる。被担保債権は流動する（総額は増減する）が，この枠の限度では担保されるというわけである（**図表6-4**）。

図表6-4 根抵当の極度額

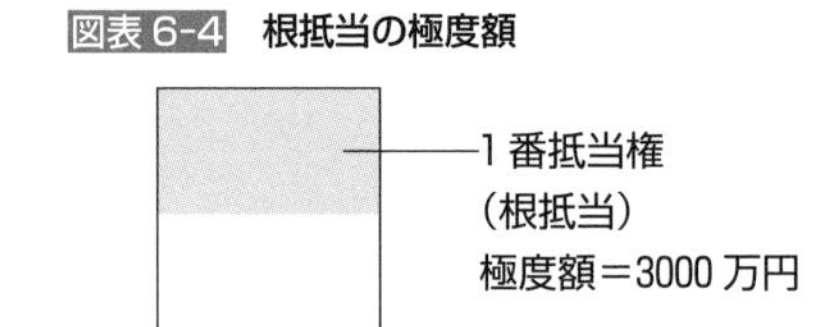

2 根抵当権の効力

(1) 変　更

継続的取引から生ずる債権を担保する根抵当権は，長期間にわたって存続する。その間にさまざまな事情・状況の変化が生ずる。そこで，現行法は，元本確定前（「確定」についてはすぐ後で述べる。⇒(2)）における根抵当権の変更および処分に関して詳細な規定を置いた。大きく三つの項目に分けて，主な点につき一言ずつ触れておく。

◆ **債権譲渡・債務引受**

被担保債権の中のある特定の債権が譲渡されても根抵当権はこれとともに譲受人に移転しない（398条の7第1項）。また，債務の引受がなされた場合には，根抵当権者は当該債権につき根抵当権を実行することができない（398条の7第2項）。つまり，個別債権につき債権者・債務者が変わると，当該債権は根抵当権の被担保債権から外れるのである。別の言い方をすると，根抵当の場合には随伴性もないわけである。

◆ 被担保債権の範囲・極度額の変更

設定契約の当事者は，元本確定前は合意により被担保債権の範囲を変えることができる（398条の4第1項前段）。極度額についても同様であるが，被担保債権の範囲の場合と異なり，利害関係人の承諾を得ることが必要である（398条の4第2項・398条の5）。

◆ 債権者・債務者の変更

債務者の変更も当事者の合意によって可能である（398条の4第1項後段）。これによって旧債務者に対する債権は被担保債権から外れることになるが，新旧債務者双方を債務者とすればこのことは避けられる。債権者の変更も，根抵当権の処分によって生ずる。普通抵当権の処分に関する規定は転抵当を除いては根抵当権に適用されず（398条の11第1項），これに代えて，全部譲渡・分割譲渡・一部譲渡という3種の処分が認められている（398条の12・398条の13）。この処分には設定者などの承諾が必要である。根抵当権者X（極度額3000万円），受益者Zとすると，それぞれ次のような効果が生ずる（図表6-5）。

図表6-5 根抵当権の処分

全部譲渡 ──→ Zに単独の根抵当権（3000万）
分割譲渡 ──→ X（2000万），Z（1000万），同順位の根抵当権
（例　3分の1）
一部譲渡 ──→ X・Zが共有の根抵当権（債権額による持分が原則）

＊分割譲渡は，極度額2000万，1000万の二つの根抵当権に分割し，後者を譲渡した場合を想定。

このうち前二者は抵当権を被担保債権と切り離して譲渡することを認めるものであるので，抵当権の方から見れば債権者の変更を生じさせるものであると言える。

なお，債権者・債務者の変更に関しては，相続・合併につき特則が置かれている（398条の8・398条の9）。さらに，会社分割につき新たな規定が設け

られた（398条の10）。

(2) 確　定

根抵当権によって優先弁済を受けるためには，ある段階で被担保債権を確定する必要がある。設定者から見ると，確定によって特定された債務を弁済すれば根抵当権は消滅することになる。**確定事由**としては，確定期日の到来（398条の19第3項。なお期日の変更は可能。398条の6），設定者からの確定請求（398条の19第1項）・根抵当権者からの確定請求（398条の19第2項。2003年改正で新設），競売手続等の開始（398条の20第1項1号〜4号〔旧2号〜5号〕）があるほか，相続・合併により確定することもある（398条の8・398条の9）。なお，担保すべき元本の不発生（398条の20第1項旧1号）は，2003年改正によって確定事由から除かれた。その存否が不明確であり紛争の原因となるとの理由による。

いったん確定が生ずると，被担保債権は固定される。確定時に被担保債権がABCDであれば，確定後にAが消滅してBCDとなることはあっても，Eが加わることはない。以後，根抵当権は普通抵当権とほぼ同じ効力を持つ。ただし，A債権が消滅しても極度額自体は減少しない。そして，利息などは極度額の枠内で全額担保される（398条の3第1項）。そこで，極度額＞被担保債権額の場合には，設定者は**極度額減額請求権**を行使することができることとされている（398条の21第1項）。逆に，極度額＜被担保債権の場合には，物上保証人や第三取得者などは極度額を支払って根抵当権を消滅させる請求権を行使することができる（398条の22第1項）。それぞれ，残った優先枠を縮める，優先枠の分だけ支払ってこれを消滅させるということである。

なお，ほかに，共同根抵当（398条の16〜398条の18），共有根抵当（398条の14）に関する問題があるが，これも省略する。

MAIN QUESTION

抵当権はどのように発展したか？

KEY SENTENCES

■日本では土地と建物とは別個の不動産とされている。……建物につき設定された抵当権の効力は敷地には及ばない。

■法定地上権が認められていることによって，建物と敷地とが同一所有者に属する場合においても，抵当目的物たる建物の買受人は，建物とその敷地利用権を獲得することができることになる。

■抵当権設定当時に建物があれば法定地上権を甘受すべきだが，そうでない場合には法定地上権が成立しないという前提で担保評価をするだろうから，法定地上権を認めるわけにはいかない。

■もともとは別々の物を同一の抵当権の目的とすることはできないか，すなわち，抵当権の効力の及ぶ範囲を拡張することができないかが問題となる。

■いったん抵当権の登記をしたら，それをそのままにして，次々と発生し消滅する複数の債権を担保させたいという要請が存在する。

■根抵当の場合，抵当権と被担保債権の間には付従性がない。……随伴性もない。

TECHNICAL TERMS

従たる権利　法定地上権　更地　一括競売権　登記の流用　目録　財団　財団抵当権　工場抵当権・工場財団抵当権　企業担保権　登録制度　動産抵当制度　根抵当　極度額　確定事由　極度額減額請求権

UNIT 7 仮登記担保――なぜ生まれたのか？

■参照条文■ 482条，仮登記担保契約に関する法律
＊もうひとつII-20，みかた2-8

前節までで質権・抵当権の説明を終えたので，本節では非典型担保を取り上げる。この部分（および次章で扱う人的担保の部分）は，民法＝財産法の十字路とも言うべき部分であり，理論面での面白さと実際面での難しさを持った部分なので，ある程度の紙幅を割いて考えてみることにしたい。

第3節 非典型担保

第1 序

まず序として，**非典型担保**とは何か（定義），どのような非典型担保があるか（種類），また，非典型担保はなぜ存在するのか（存在理由）を簡単に説明しておく。

◆ **定　義**　非典型担保とは，民法典が担保としては想定していない担保方法のことである。このように広くとらえると，そこには，相殺，あるいは，同時履行の抗弁や解除なども含めることもできる。そのほかに，**代理受領**という方法もよく用いられる。

代理受領[1]　たとえば，債権者Xが債務者Yに対して有する金銭債権を担保するために，Yが第三債務者Zに対して有する金銭債権につき代理受領権限を得ておく（**図表7-1**）。XがYに代わってZの弁済を受けると，XはYに対して弁済として受領した金銭の引渡義務を負うが，Yに対して有する債権をこれと相殺することができることになる（もっとも，担保として確実なものとするためには，Zと約定してYが受領することがないようにしておく必要がある）。

図表7-1　代理受領（当事者の法律関係）

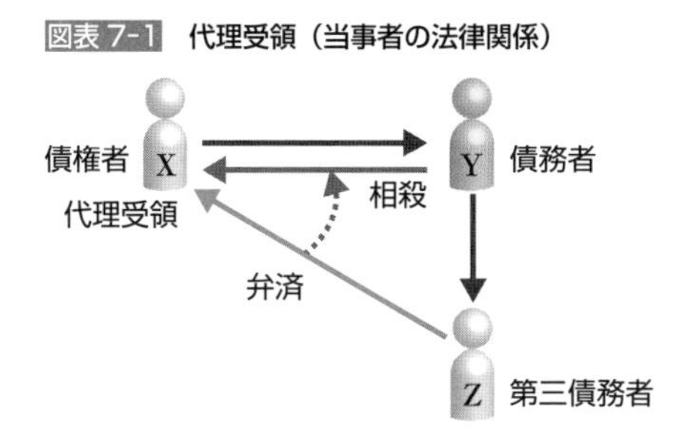

以上のように，機能的に「担保」を考えると，さまざまな方法が考えられるのだが，狭い意味で非典型担保と呼ばれるのは，そのうち，**所有権（権利）の移転**を手段とするものである。

◆ **種　類**　これにもいくつかの種類がありうるが，一般に広く用いられているのは，**仮登記担保**，**譲渡担保**，**所有権留保**の三つである。今日では，これらは類型として確立されており，いわば「典型的な非典型担保」となっている（やや奇妙な言い方だが，たとえば，リース契約やクレジット契約は民法典に規定がないという意味で非典型契約であ

1）北川Ⅲ 260頁以下に説明がある。

るが，それが広く行われており類型として確立されているという意味では「典型的な非典型契約」であると言える。これと対比してほしい)。

三つの非典型担保は，次のように複数の観点から，分類ないし性格づけすることができる（図表7-2)。あわせて，所有権移転による担保の原型とも言うべき買戻しも対比のために掲げておく。それぞれの内容については後で説明するので，いまここでは，この対比だけを頭の片隅にとどめておいてほしい。

図表7-2　非典型担保の諸類型

	買戻し	仮登記担保	譲渡担保	所有権留保
規定の有無	あり	（あり）	なし	
被担保債権	なし	あり		
与信形態		貸主与信		売主与信
所有権の態様	移転	移転（予約）	移転	留保
担保目的物	不動産		主として動産	

	買戻し	仮登記担保	譲渡担保	所有権留保
債権者 X	所有権 ↑↓	↑	所有権 ↑↓	所有権 ↓
債務者 Y	所有権	所有権	所有権	

＊下の図の矢印は所有権移転の態様を示す（黒線＝全部移転，色線＝部分移転)。
ただし，譲渡担保に関しては別の考え方もありうる。

◆ **買戻しと再売買の予約**

①**買戻し**（579条以下）は一種の解除権留保特約であるが，その内容については一定の規制がかけられている。すなわち，買戻特約の対象は不動産で（579条)，その権利行使期間については最長10年という制限があり（580条)，登記をすれば特約を第三者に対抗できるとされている（581条)。この特約は金融のために古くから行われているものである。すなわち，XからYが借金をする場合，自分の所有する不動産をXに売り渡し，代金相当額の金銭

を得る。そして，一定期間（買戻期間）内に，代金＋費用をＸに返済することにより，売り渡した不動産を取り戻す。もし，返済がない場合には，Ｘは不動産の所有権を取得する。以上の操作によって，Ｘは安心してＹにお金を貸すことができるわけである。この場合，不動産の所有権移転は，Ｘの貸金債権の回収を保証する（担保する）意味を持つ。

民法典起草者は，古くから行われていた買戻しを容認せざるをえなかったが，これをできるだけ制限したいと考えていた。その意図は規定の端々に認められるが（579条・580条など），実際にはこの意図は実現されなかった。というのは，取引実務においては，さまざまな制限のある窮屈な買戻しに代えて，②**再売買の予約**という方法で，同一の目的の達成がはかられたからである。ＹからＸに不動産を売却する。ここまでは同じだが，買戻特約ではなく，売買と同時に，ＸからＹへの売買（再売買）の予約をしておく。そして，ＹがＸに，代金相当額＋αを返済すれば予約完結権（仮登記が可能）を行使できるとしておくのである。判例がこれを有効としたため，結局，買戻しに対する規制は潜脱されることとなった。そこで，新債権法では，買戻しに対する制限を一部緩和して，代金相当額＋αの支払を約することもできるとしている（新579条かっこ書）。なお，買戻しにせよ再売買の予約にせよ，その機能は債権担保にあるが，少なくとも形式的には債権は残存しないことに留意する必要がある。もし被担保債権が残存するならばその所有権移転は，後述する譲渡担保（⇒**第3**〔UNIT 8〕）と性質決定されることになる。

◆ **存在理由**

では，なぜこのような非典型担保（狭義）が存在しているのだろうか。その理由としては，典型担保たる**約定担保物権の機能不全**があげられる。

以前に述べたように（⇒**第*1*節**〔UNIT 2〕Ⅰ），約定担保物権のうち質権の利用は少ない。質権は占有移転を伴うものであり設定者にとって不都合であるというのが，その理由であった。そこで，抵当権はどうかということになるわけだが，まず，第一に，抵当権は原則として不動産にしか使えない。もちろん，動産抵当制度は考えられないわけではなく，現に一部の動産については特別法によって実現している（より包括的な立法の準備も始まっている）。しかし，第二に，抵当権はその設定・実行に手数がかかる。設定の手間は根抵当によってかなりの程度まで緩和されているが，競売による実行が面倒であるし，また，競落価格は一般にはかなり下がる。それゆえ，抵当権は制度的にはよくできたものではあるが，利用者にとっては必ずしも実効的なものであるとは言えない。

そこで競売によらず実行（「私的実行」と呼ばれる）ができる担保手段が考案されることになる。3種の非典型担保は，そのために所有権の移転という法的手段を用いているのである。

しかし，ここで一つの疑問が生じる。抵当権のほかに簡単な担保手段があるならば，最初からそれによればよいではないか。まさに，そうなのである。歴史を振り返ると，物的担保の歴史は所有権移転型の担保に始まると言ってよい。この歴史を踏まえるならば，非典型担保は一種の「先祖返り」であるとも言える（図表7-3）。

図表7-3　非典型担保の歴史的位置づけ

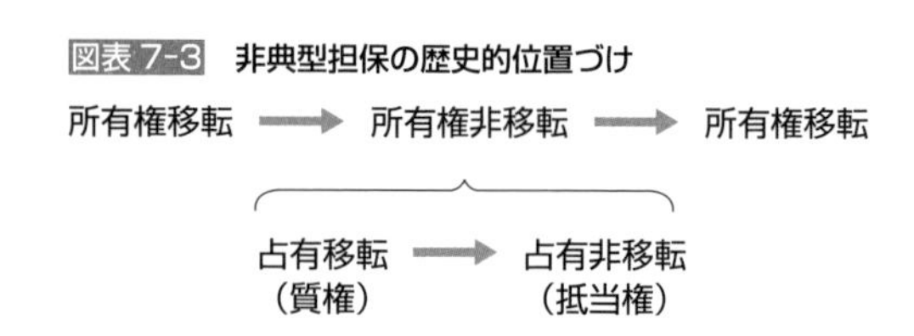

では，原始的な担保のための所有権移転と現代の非典型担保とでは，どこがどう異なるのか。これは大事なところである。所有権移転によるのでは，所有権という担保としては過大なものが担保権者に帰属するので，担保設定者の利益が危険にさらされる（担保権者による処分を考えよ）。そこで，それを避けるために，所有権非移転の担保＝制限物権としての担保物権が生み出されたのである。この経緯を踏まえるならば，現代における所有権移転型の担保たる非典型担保は，担保設定者の利益に配慮したものでなければならないはずである。そうでない限り，非典型担保は社会的な承認を受けることができない。別の言い方をすると，社会的な承認を得られるような「公正」な内容を備えた担保として，非典型担保は成形される必要があったのである。そして，このような営みが，判例により，学説により，さらには，特別法によ

りなされてきたのである。

以下では，まず特別法による規律が相当程度まで進んでいる仮登記担保につき説明し（**第2**），これを規律のモデルとして念頭に置きつつ，譲渡担保（**第3**〔UNIT 8/9〕），所有権留保（**第4**〔UNIT 8/9〕）について検討する。

第2　仮登記担保[1)]

Ⅰ　仮登記担保の生成

1　仮登記担保とは何か

まず，仮登記担保とは何かということから説明しよう。金銭債権の弁済を行うことができないという場合に，動産や不動産など他の物を代物弁済することによって債権を消滅させることができる（482条）。もちろん，弁済期の到来後に，当事者間で代物弁済をする契約を締結することは可能であるが，債権成立時に，あわせて，もし弁済がなされなければ代物弁済を行うべきことを契約することもできる。このような契約は，停止条件付代物弁済契約あるいは**代物弁済予約**と呼ばれる（前者では不履行の事実で当然に代物弁済の効力が生ずるが，後者では予約完結の意思表示を要する）。

このような契約から発生する将来における目的物の所有権移転請求権は，これを保全するために仮登記することができる（不登105条2号）。仮登記がなされれば，その後にこの物を譲り受けた第三者に対しても権利を対抗することが可能になる（不登106条）。つまり，債権が弁済されない場合には，目的物の所有権を取得するという形で，債権の優先弁済をはかることができるのである。これが，今日，**仮登記担保**と呼ばれるものである。仮登記のできる権利であれば，仮登記担保を行うことは可能であるが，実際にはほとんどの場合に不動産所有権がその対象とされている。

1）　生熊長幸「仮登記担保」民法講座3。

仮登記担保には二つのメリットがある。一つは，競売によらずに債権回収がはかれることである。もう一つは，登録免許税が安いことである（所有権移転登記は不動産価額の1000分の20であるのに対して，仮登記は1000分の10)。これらのメリットは今日でもなお残されている。これらと並んで，かつて仮登記担保には大きなメリット（うまみ）があった。債権額を超える不動産を目的物とすることによって，債務不履行の場合にその目的物を「丸取り」することができたのである。たとえば，1000万円の金銭債権の担保のために5000万円の不動産を仮登記担保にとれば，不履行の場合には5倍の価値の不動産が転がり込んできたというわけである。

2　判例法理から特別法制定へ

いま見た「丸取り」以外にもいくつかの問題があり，仮登記担保に関しては「壮大な判例法理」が形成された。他の問題は省略することにして[1]，最大の問題であった「丸取り」に関する判例法の展開を簡単に紹介しておこう。

初期の判例は，契約自由の原則を理由に，原則としては代物弁済予約の内容には介入しないが，例外的に，公序良俗違反の一類型である暴利行為にあたる場合があるとした。たとえば，最判昭35・6・2民集14-7-1192は，当初から目的物の取得を計画しているのではない金融取引においては担保物の価額が被担保債権額を多少オーバーしていても問題はないとし，巨利を博すべく相手方の窮迫に乗じて契約を締結したという事情が必要であると判示した。実際には，被担保債権の4倍を超える程度でなければ暴利行為とは言えないというのが下級審判決の相場であった。

これではなお十分な規制であるとは言えないという批判を受けて，最判昭42・11・16民集21-9-2430は画期的な判断を示した[2]。この判決は，代物弁済予約は担保なのだから，債権額の回収ができればよいのであり，債権額を上回る部分は設定者に返還されるべきであるとしたのである。このように，債権者の**清算義務**は，形式的には契約解釈によって導かれた。しかし，この

1）道垣内272-275頁など参照。
2）星野Ⅱ330頁は，この判決を「絶賛を浴びた」と評する。

解釈が当事者の主観的な意図からは離れたものであったことは明らかであり，実質的に見るならば，最高裁は，契約解釈のテクニックによって代物弁済予約の標準的契約内容を自ら定めたのに等しい（この判決は判例による法創造の例として著名なものである。利息制限法違反利息の返還請求に関する最大判昭43・11・13民集22-12-2526と双璧をなすものであり，二つをあわせて見ると，昭和40年代が判例法の時代だったことが窺われる）。

さらに，最大判昭49・10・23民集28-7-1473は，そのほかの論点についても判断を示したが，第三者との関係や競売手続にかかわる問題については画一的な立法がなされることが期待された。そのため，制定されたのが1978年の「仮登記担保契約に関する法律」（**仮登記担保法**）であった。この法律は基本的には判例法理を承認するものであり，清算義務もまた法定の義務とされることとなった。これによって，仮登記担保の大きなメリット（うまみ）は失われることとなった。また，その他の点についても，抵当権に近づけた扱いがされるようになったが，これもまた仮登記担保の魅力を減殺することとなった。それゆえ，今日では，仮登記担保はかつてのように盛んには行われていないと言われている。

なお，仮登記担保法は，同法1条所定の契約に対して適用され，当該契約の効力に関して法定の効果を付与するものである。「仮登記担保権」という担保物権が新たに構想されて，それを設定する契約として「仮登記担保契約」が締結されるというわけではない。もっとも，ひとたびこのような法律ができてしまえば，同法所定の効力を発生させるべく契約を締結することが行われるようになる。そして，この契約の効力に「仮登記担保権」，この契約に「仮登記担保契約」という名称を付与することは可能である。

Ⅱ　仮登記担保の効力

1　優先弁済権の内容

(1)　私的実行

仮登記担保の最大の特色は，競売によらずに実行することができるという点にある。すなわち，仮登記担保は，仮登記担保権者が目的物の所有権を取得することによって実行されるのである。しかし，この実行に際しては，担保設定者の利益に対する配慮も必要である。二つの点が重要である。一つは清算義務の履行であり，もう一つは受戻権の保障である。前者の意味についてはすでに触れたが，後者は，担保設定者はいつまでに弁済をすれば担保の実行を阻止することができるかということである。このように弁済によって所有権を回復する権能を「**受戻権**」と呼んでいる。

以上のような担保権者・設定者の利益の調整は，具体的には次のような手続によって行われる。債権者＝仮登記担保権者X，債務者＝仮登記担保設定者Yとして見ていこう。まず，Xは弁済期到来以後に，Yに対して，清算金の見積額を通知しなければならない（仮登記担保2条1項）。通知は不動産見積価額と債権額を明示して行う必要がある（仮登記担保2条2項）。債権額にはすべての利息・損害金・費用が含まれる。

この通知から2カ月の清算期間が経過すると，所有権移転の効果が発生する（仮登記担保2条1項）。この規定はその定め方から明らかに強行規定であり，たとえば，不履行により直ちに所有権が移転する旨を約定していても，当該約定は無効である。この期間の経過によってXははじめて目的物の所有権を取得するのであり，期間経過前であれば，Yは債務を弁済して仮登記担保権を消滅させることができる。

期間が経過すると，所有権を取得したXは本登記請求権・引渡請求権を有することになるが，同時に，Yは清算金支払請求権を有することになる（仮登記担保3条1項）。そして，X・Yの権利義務は同時履行の関係に立つ（仮登記担保3条2項）。このルールも強行規定であり，たとえば，登記・引渡し先履行の特約は無効である（仮登記担保3条3項）。なお，支払われるべき清算金はXの提示した見積額ではなく客観的に算定される額である。したがって，YはXの提示した見積額を不当として争うことができるが，X側は自らが提示した見積額の変更を主張することができない（仮登記担保8条1項）。

なお，受戻権は清算期間経過によって消滅するように見えるが，清算金の支払の提供があるまでは消滅しない（仮登記担保11条）。弁済がなされるのならばその方がよいからであるという説明がされているが，Yには，さらに猶予が与えられていることになる。

(2) 配当要求

私的実行の開始以前に競売手続が開始された場合，仮登記担保権はどうなるだろうか。先順位権利者による競売の場合には，仮登記はこれに対抗できず消滅し，後順位権利者・一般債権者による競売の場合には，仮登記は消滅せず買受人は仮登記の付着した所有権を取得するというのが，仮登記の性質に即した考え方である。しかし，仮登記担保法は，仮登記担保の担保としての実質を考慮に入れて，いずれの場合にも順位に応じた配当を受けるとした（仮登記担保13条1項）。この点で抵当権と同じ扱いをしたわけである。そのために，優先弁済を受けられる範囲も抵当権と同じになる（仮登記担保13条2項3項）。

なお，判例法理は，私的実行に着手した後は後順位者の申し立てた競売を排除できるとしていたが，仮登記担保法は，清算金支払までは（清算金がない場合には清算期間経過までは），競売の申立てを認めることとした。私的実行に対する制約が増えたわけで，この点でも仮登記担保のうまみは少なくなった。

倒産の場合の処遇についても，仮登記担保は抵当権と同視されている（仮登記担保19条）。

2 第三者との関係

(1) 担保権者

仮登記担保権が実行されても，先順位の権利は影響を受けない。たとえば，先順位の抵当権があるとすると，仮登記担保権者は実行により抵当権付の所有権を取得することになる。いわば第三取得者となるわけである。

これに対して，後順位の権利は，仮登記が本登記に改められることによってその効力を失うはずである。しかし，仮登記担保権者の支払う清算金について，後順位の担保権者に物上代位が認められている（仮登記担保4条1項2項）。残余価値を担保に供するという後順位抵当権設定の趣旨からして，清算金は設定者ではなく後順位担保権者に帰属すべきだし，これを認めても仮登記担保権者には不利益は生じないからである。

この物上代位をめぐる利害調整は次のようになされている。まず，仮登記担保権者は私的実行開始を後順位担保権者に通知しなければならない（仮登記担保5条1項）。清算期間中は清算金の弁済をしても後順位者に対抗できず，通知を行わなかった場合も同様である（仮登記担保6条）。このようにして物上代位の機会が保障されているのである。なお，物上代位のための差押えをされた仮登記担保権者が，手続終了まで本登記ができないと気の毒なので，清算期間終了後は清算金を供託することが認められている（仮登記担保7条1項）。その場合には，差押えの効力は還付請求権に及ぶ（仮登記担保7条2項）。

さて，後順位担保権者としては，清算金見積額が妥当だと思えば，それを前提に物上代位をすればよいのだが，これに不服がある場合にはどうするか。後順位者は直接に金額を争うことはできないが（仮登記担保8条2項），清算期間内に競売を申し立てることが認められている（仮登記担保12条）。抵当権消滅請求の場合と類似の発想であると言ってよい。

(2) 用益権者

仮登記担保実行後も対抗要件を備えた先順位の用益権は存続する。では，後順位の用益権はどうか。短期賃貸借に関する民法旧395条が類推適用されるか否かが問題になりえた。仮登記担保法制定前の事件についてはこれを否定する判例があるが，濫用的短期賃貸借の状況を考えると，積極的に類推適用を認めることには疑問があった。2003年改正後は，短期賃貸借自体が廃止されたので，以後はこのような問題は生じない。

なお，法定地上権と同じ発想の規定が置かれているが（仮登記担保10条），発生する権利は賃借権とされ，建物に仮登記担保権が設定された場合は除かれて土地に仮登記担保権が設定された場合に限るとされている。土地利用権としては，今日では地上権ではなく賃借権が一般的であるというのが前者の理由，仮登記担保では担保権者＝所有権取得者であるので，建物に仮登記担保を設定する場合には停止条件付賃貸借をすればよいというのが後者の理由である。

MAIN QUESTION

なぜ生まれたのか？

KEY SENTENCES

■抵当権は制度的にはよくできたものではあるが，利用者にとっては必ずしも実効的なものであるとは言えない。そこで競売によらず実行（「私的実行」と呼ばれる）ができる担保手段が考案されることになる。

■所有権移転によるのでは，所有権という担保としては過大なものが担保権者に帰属するので，担保設定者の利益が危険にさらされる……。そこで，それを避けるために，所有権非移転の担保＝制限物権としての担保物権が生み出された。

■「仮登記担保権」という担保物権が新たに構想されて，それを設定する契約として「仮登記担保契約」が締結されるというわけではない。

■仮登記担保法は，仮登記担保の担保としての実質を考慮に入れて，いずれの場合にも順位に応じた配当を受けるとした。

TECHNICAL TERMS

非典型担保　代理受領　所有権（権利）の移転　仮登記担保・譲渡担保・所有権留保　再売買の予約　約定担保物権の機能不全　私的実行　代物弁済予約　清算義務　仮登記担保法　受戻権

REFERENCES

椿寿夫・代物弁済予約の研究（有斐閣，1975）

代物弁済予約から仮登記担保への法発展を導いた著者の一連の研究を収録する論文集。平井宜雄・損害賠償法の理論（東京大学出版会，1971）とは別の意味での「学説」のあり方をよく示すもの。

UNIT 8/9 譲渡担保／所有権留保――残る問題は何か？

第1章 物的担保
第3節 非典型担保
第3 譲渡担保
Ⅰ 譲渡担保の生成
1 譲渡担保とは何か
2 所有権的構成から担保的構成へ
(1) 移行への障害 (2) 移行のための論理
Ⅱ 譲渡担保の効力
1 序――設定
2 優先弁済権の内容
(1) 私的実行の方法 (2) 倒産時の効力
3 第三者との関係
(1) 設定者側の第三者 (2) 担保権者側の第三者
Ⅲ 特殊な譲渡担保
1 流動動産譲渡担保
(1) 意 義 (2) 問題点
2 債権譲渡担保
(1) 意 義 (2) 問題点
第4 所有権留保
Ⅰ 所有権留保の生成
1 所有権留保とは何か
2 所有権留保の問題点
Ⅱ 所有権留保の効力
1 私的実行の方法
2 倒産時の効力
3 第三者との関係

■参照条文■ 動産及び債権の譲渡の対抗要件に関する民法の特例等に関する法律

＊もうひとつⅡ-20，みかた 2-8

第3　譲渡担保[1)]

仮登記担保に続いて，譲渡担保について検討しよう。まず，譲渡担保の生成過程で生じた（生じている）諸問題について説明し（I），続いて，譲渡担保に与えられている法的処遇を，その効力を中心に見ていこう（II）。

I　譲渡担保の生成

1　譲渡担保とは何か

譲渡担保とは何かという問題から始めよう。この点を考えるに際しては，「譲渡担保」というその名称からスタートするのがよいだろう。譲渡担保とは，債権の「担保」という目的のために，所有権の「譲渡」という手段（法技術）を用いるものである。債権者Xが債務者Yに対して有する金銭債権を担保するために，Yが所有する物（担保目的物）の所有権の譲渡を受ける。これは担保のための譲渡であるので，もし債務が履行されれば所有権はXからYへと再び移転される。しかし，もし不履行があれば，Xは，目的物の所有権をYに返還せずに自己に確定的に帰属させる（もしくは目的物を売却して代金を取得する）ことによって，債権の優先弁済を得ることができるわけである。

このように，譲渡担保は所有権の移転という手段を用いた担保である。この所有権の移転を第三者に対抗するには，不動産の場合には登記が必要だが，動産の場合には引渡しで足りる。それゆえ，仮登記担保と異なり，譲渡担保の場合には動産を目的物とすることも可能である。また，引渡しには占有改定（183条）も含まれるので，不動産・動産のいずれの場合にも，目的物の現実の占有は債務者Yにとどめておくことが可能である。さらに，事前に所有権が移転してしまっているので，仮登記担保に比べて，その権利は確かな

1)　道垣内弘人「譲渡担保」民法典の百年Ⅰを参照。

ものである（仮登記担保では実行前の担保権者の権利は債権的なものにすぎない[1]）。また，実行段階で積極的な行為を要するわけでもない（仮登記担保では本登記が必要）。

以上のように，譲渡担保は，動産の場合には「便利」であるし（質権に比べて），不動産の場合には「確実」な担保手段である（抵当権・仮登記担保に比べて）と言える。それゆえ，譲渡担保は広い範囲で利用されている。しかし，それは，担保権者に有利である反面，担保設定者に不利益をもたらす可能性を秘めていることも否定しがたい。「**第1**」〔UNIT 7〕でも触れた通り，債権者Xが所有権を有することにより目的物を勝手に処分してしまうということが生じうるからである。また，担保権の実行として被担保債権額を大きく上回る価値を持つ目的物の所有権がXに移転してしまうこともある（丸取り）。いずれも，「担保」のために所有権を「譲渡」するというのが，過大な処分であることに由来する。そこで，このような弊害を除去すべく，譲渡担保の効力を適正化する努力がなされてきたが，今日では，おおむね妥当な内容に至っている。

2 所有権的構成から担保的構成へ[2]

内容適正化の努力は，一言で言えば「**所有権的構成から担保的構成へ**」という標語で表現することが可能である。しかし，このような担保的構成に全く障害がなかったわけではない。また，一口に担保的構成と言っても，その中にはいくつかの法律構成がありうる。それゆえ，以下においては，担保的構成への移行の障害と，担保的構成を正当化する法律構成の可能性について，順に見ていくことにしたい。

(1) 移行への障害

譲渡担保は明治末にはすでに判例の承認を受けた。大判明45・7・8民録18-691がそれである。しかし，それ以前には，譲渡担保の有効性に疑問を呈する裁判例もないわけではなかった。問題は二つあったと言えるだろう。

1） 道垣内278頁。
2） 道垣内304頁以下。

◆ 虚偽表示の疑い

当時，譲渡担保は「売渡抵当」と呼ばれていたが，それは，流担保（抵当直流（じきながれ）ともいう。つまり私的実行を認めるということ）の可能な担保として意識されていた。そうなると，第一に，「法形式」としては所有権移転を用いているとしても，「実質」は担保なのであり，この所有権移転は虚偽表示であり無効ではないかという問題が生ずる。そして，実質に着目するならば，第二に，私的実行を想定していない民法典の約定担保制度に抵触するのではないかという問題が生ずる（不動産の場合には明文の規定はないが，動産の場合には349条の脱法行為となる。さらに，非占有質を認めない345条とも抵触する）。

第一の問題に対して，初期の判例が与えた答えは，譲渡担保においては実際に所有権移転が生ずるのであり虚偽表示ではないというものであった。そうだとすれば，譲渡担保は質権や抵当権とは異なるものであることになり，第二の問題もクリアすることができるだろう。

その結果，今日では，これらの問題は解消したとするのが一般的な見方である。しかし，実は問題はなくなったわけではない。確かに，初期の判例は譲渡担保は脱法行為ではないとしているのだが（明瞭に脱法行為論を斥けたものとして，大判大3・11・2民録20-865），それは，譲渡担保を所有権の移転として考えること（所有権的構成）を前提としてのことである。実際に所有権が移転しているのであれば，それは虚偽表示ではないし脱法行為にもあたらない。だが，この前提をとらず，すぐ後で述べるように実質をより重視して，譲渡担保を所有権ではなく何らかの担保権としてとらえようとする（担保的構成）ならば，簡単にこのように言うことはできなくなる。担保権なのに所有権移転の外形を作り出している，質権・抵当権とは別の担保権を新たに作り出しているという批判に応える理屈が必要なはずである。

◆ 慣習法上の物権

そこで，学説には，第一の問題に関しては虚偽表示であることを認めるものもあるが[1]，この点をどう考えるにせよ，第二の問題に関しては，慣習法上の物権が成立したとい

1）　道垣内306-307頁注（＊＊）。ただし少数説。

う見方をとるものが多い。ここで注意すべき点は，虚偽表示だとしても，虚偽の外形は無効となるが（94条1項），それによって真実の行為の効力が否定されるわけではないということである。所有権の外観を除去したら担保権の実質が出てくるが，この行為の有効無効は94条とは独立に判断されるのである。そして，これを有効とするために，慣習上の物権という理屈が援用されることになる。抵当権や質権とは異なる，譲渡担保（学説によっては「設定者留保権」〔道垣内〕）という慣習上の物権があるというわけである。

(2) 移行のための論理

所有権的構成をとれば譲渡担保の有効性には疑義が生じない。しかし，それでは，設定者の地位は完全に債権的なものとなってしまい，担保権者の不当処分を阻止する手だてがなくなる。「丸取り」の防止も難しくなる。そこで，その実質に即して，これを担保権として見ようという考え方が次第に強くなってきた。その背後には，形式・論理よりも実質・機能を重視するという戦後民法学に支配的な考え方（「利益考量論」と呼ばれる）の影響を見てとることができるだろう。

◆ 二段物権変動説か抵当権説か

担保的構成としては，大別して二つの見解が説かれている。一つは二段物権変動説と呼ばれるものであり鈴木禄弥教授によって説かれた。もう一つは抵当権説と呼ばれるもので米倉明教授が説いたものである（二人の主唱者はいずれも利益考量論の中心的な論客であったが，とりわけ機能主義的発想の強い論者だった）。両説は，譲渡担保権者が取得する権利は完全な所有権ではなく，設定者側に何らかの物権的な権利が残ると考える点では共通している。違いは，鈴木説の場合には，債務者（設定者）Yから債権者（担保権者）Xに，いったん所有権が移転した後で，その一部（設定者留保権）がYに復帰すると考えるのに対して，米倉説の場合には，YからXに移転するのは最初から譲渡担保権（所有権マイナス設定者留保権）であるとし，これは抵当権と同じものであるとしたところにある。いずれも実質に着目した見方ではあるが，所有権移転あるいは譲渡という外形に対する配慮の仕方（無視の仕方）において，後者の方がより大胆である（徹底している）ということができるだろう（図表8/9-1）。

図表 8/9-1　譲渡担保の法的構成

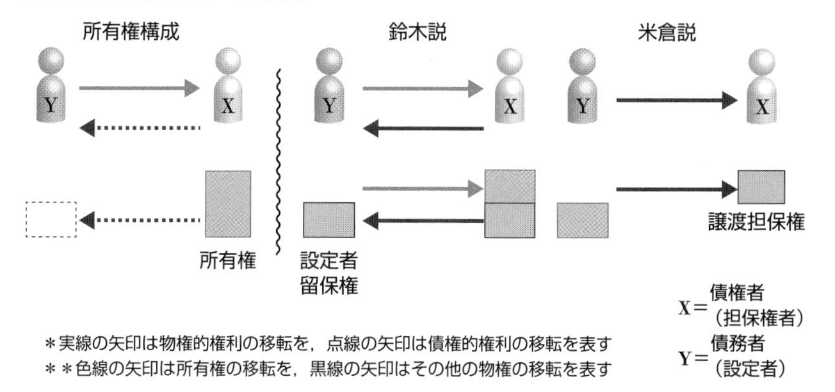

今日では，これに対する反流として，譲渡担保において用いられている「譲渡」という法的構成を無視すべきではなく，これをも考慮に入れて考えるべきだとする見方も強くなっている。道垣内弘人教授の見解がこのような見方を代表するものである。一般論としては二段物権変動説と抵当権説の間ぐらいの立場をとっているように見えるが[1]，各論においては「譲渡」という点をかなり重視している。

以上をもう一度まとめておこう。今日，譲渡担保は担保権として広く承認されている。これを支えるのは，一方で，それが，慣習法上の物権と言っても違和感がないほどに広範に行われているという（取引界における）事実であるが，他方で，法技術の制約から離れて実質や機能に着目する考え方が有力になっているという（学説における）時代思潮である。ここに，事実を重視し理屈には執着しないという戦後民法学の大きな特色を見いだすことができるだろう。

◆ 抵当権説の定着

なお，2点を補足しておく。一つは，譲渡担保＝担保という考え方が定着したことによって，ある時期まで議論の対象となっていた強い譲渡担保と弱い譲渡担保（売渡担保と

1）　道垣内 306 頁。

譲渡担保）という区別も，今日ではあまり議論されないようになっていること。再売買や買戻しの約定によって締結される前者（形式上は被担保債権が残存しない）についても，これを後者と同視して扱うことに妨げはないと感じられるようになっているのである[1)]。もう一つは，譲渡担保については最近まで立法は行われていないこと。もっとも，譲渡担保立法を行おうという動きはあり，学説もかなり立ち入った検討を行ってきた。それにもかかわらず，立法が行われないのは，仮登記担保と異なり，さしあたりは大きな問題なしに判例・学説によって対処ができているからだろうか。もっとも，後に触れるように（⇒Ⅲ*1*(2)），最近になって，動産・債権の一括担保化に向けての立法作業が始まったことに留意する必要がある。

Ⅱ 譲渡担保の効力

1 序――設定

譲渡担保は譲渡担保設定契約によって設定される。「債務の担保のために所有権を移転する」という約定が譲渡担保設定契約であるが，実質的に見てこれと同じことが約されているのであれば，それは譲渡担保設定契約としてとらえられる（「性質決定される」と言われることが多くなった）。

譲渡担保の目的物・被担保債権については特に述べることはない。対抗要件は，すでに述べたように，不動産の場合には登記，動産の場合には引渡しであるが，それぞれについて一言ずつ補足しておく。まず，不動産の場合の登記であるが，登記原因を譲渡担保とすることも認められているが，これは譲渡担保の登記が認められているということではない。実際には売買を原因として登記することが多いといわれており，これでも対抗要件となると解されている。次に，動産の引渡しであるが，これは占有改定で足りるとされている（さらに，最決平29・5・10民集71-5-789は，直接占有ではなく間接占有による場合も含むとする）。なお，占有改定と即時取得（⇒本シリーズ物権編）とい

1） 道垣内303頁。

う問題を論ずる際に，譲渡担保のケースについて言及されることがあるが，Xが Y から譲渡担保の設定を受けたが，目的物の所有権は Z にあったという場合にも，X は即時取得により譲渡担保権を獲得する可能性がある。そして，それには占有改定で足りる。占有改定による X の占有取得後に W が現実の占有を取得したという場合に，W に 1 番の譲渡担保権，X に 2 番の譲渡担保権が成立すると考える見解が有力だが，2 番の譲渡担保権の実現手段がないように思われるので，この見解はとりにくい（仮登記担保法 4 条のような規定があれば別である）。

ほかに，物権的請求権や物上代位に関する問題がある。前者については，判例は，結論として設定者に物権的請求権を認める（最判昭 57・9・28 判時 1062-81〈56〉）。後者については，通説はこれを認めるが，学説には反対論も見られた。判例はどうかというと，最決平 11・5・17 民集 53-5-863〈57〉は，結論としては譲渡担保に基づく物上代位を認めた。しかし，本件の事案は，譲渡担保の被担保債権（購入資金貸付債権）と物上代位の対象となる債権（売却代金債権）との関連が密接であり，動産売買先取特権の場合に近いというものであった。この点を重視するならば，譲渡担保一般に物上代位が認められたと言えるかどうか，そもそも，そのように一括して議論するのが適当か否かは，なお検討を要するところである。

2 優先弁済権の内容

(1) 私的実行の方法

譲渡担保においては，債権者（担保権者）X は予め目的物の所有権を得ているので，所有権取得のために改めて特別な手続を要するわけではない。しかし，債務者（設定者）Y の**受戻権**（道垣内説では「設定者留保権」）を消滅させて，確定的に所有権を取得するためには一定の手続を要する。

まず第一に，譲渡担保の場合にも担保権者 X が**清算義務**を負うことにつき，今日では判例・学説に異論はない（最判昭 46・3・25 民集 25-2-208［I 97］〈59〉）。清算金の支払には，目的物の価額を評価して差額を支払う方法（**帰属清算型**）と目的物を売却換価してそこから債権を回収し残額を支払う方法（**処分清算型**）があるが，いずれも可能であるとされている。

第二に，債務者Ｙが弁済して目的物を取り戻せるのはいつまでか（受戻権はいつまで存在するのか）が問題になる。判例は，当事者間では，清算金の提供があるまでは受戻しが可能であるとしている（最判昭57・1・22民集36-1-92）。逆に，債務者Ｙが受戻権を放棄してしまっても，そのことによって直ちに清算金請求権が発生するわけではない（最判平8・11・22民集50-10-2702〈63〉）。債務者Ｙは清算金支払時まで受戻権を保障されてはいるが，この権利を放棄することによって清算金支払時を早めることはできないのである。当事者間ではなく第三者が現れた場合の処理については，別に考える必要があるが，この点については，第三者との関係として後にまとめて扱うことにしたい。

以上は私的実行の方法に関する問題であるが，Ｙに対する他の債権者が競売の申立てを行った場合，Ｘの譲渡担保権はどのような処遇を受けるか。この点に関して，仮登記担保のように特別な規定があるわけではないので，担保権者として配当が得られるとするのは困難である。この点も，第三者との関係として，やはり後で扱うことにしたい（**3**）。

(2)　倒産時の効力

では，倒産の場合はどうか。債務者（設定者）Ｙが倒産した場合については，やはり特別な規定はない。そうだとすると，譲渡担保権者は通常の所有権者と同様に，取戻権（破62条，会更64条1項）を有することになりそうである。しかし，学説は，他の担保権者と同様に，別除権（破65条），更生担保権（会更2条10項）（**第*2*節第1〔UNIT 3〕Ⅲ**）として扱えば足りるとしており，判例も会社更生につきこの見解をとることを明らかにしている（最判昭41・4・28民集20-4-900〈54〉）。少なくとも会社更生に関しては，譲渡担保は担保権同様の処遇を受けているのである。そこから先の評価は分かれうる。このことをもって，最高裁は担保的構成に向かっていると見ることもできるが（清算義務を認めた前掲最判昭46・3・25とともに），会社更生という特殊な手続（会社の再建が優先する）だから譲渡担保権者に譲歩を迫ったと見ることもできるからである。

なお，反対に，譲渡担保権者が倒産した場合にはどうなるだろうか。破産法は，譲渡担保権者Ｘが倒産した場合，設定者Ｙは譲渡が担保目的であったことを理由として目的物を取り戻すことはできないと定めていた[1]。つまり，ここでは，所有権的構成が前提とされていたのである。ところが，判例・学説は，被担保債権の弁済をすれば取戻しが可能であると解して，事実上これらの規定の適用を排除していたため，2004年の破産法改正によりこの規定は削除されるに至った。少なくとも，ここでは，判例・学説ともに担保的構成の方向に向いていると言えるだろう。

3　第三者との関係

第三者との関係は，設定者Y側の第三者と担保権者X側の第三者とに分けて見る必要がある（図表8/9-2）。さらに，それぞれにつき，第三者に対して処分がなされた場合（Z_1・W_1）と一般債権者が差押えをした場合（Z_2・W_2）とに分けて考える必要がある。さらに，これ以上に細かい分類も必要だが，それについては，必要に応じてそれぞれのところで述べることにしよう。

図表8/9-2　譲渡担保と第三者（当事者の法律関係）

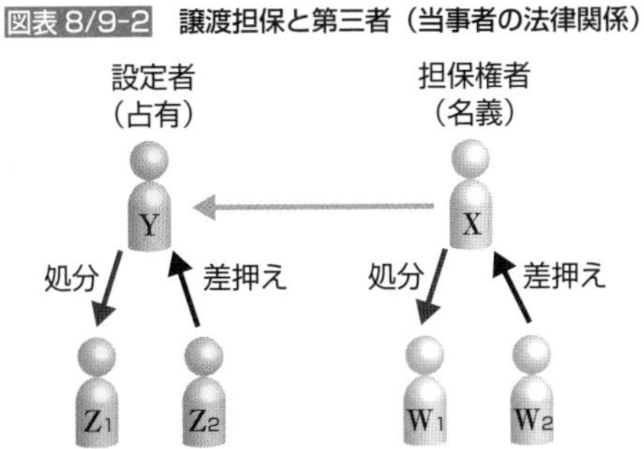

(1)　設定者側の第三者

まず，Z_1に対する処分はどうなるだろうか。不動産の場合には，Xが対抗要件を備えていれば，Z_1が現れることは実際にはないだろう。もっとも，譲渡担保の存在を前提として，後順位者として取得することは全く考えられ

1)　破旧88条（および会更旧64条）。

ないではない。これに対して，Xが対抗要件を備えていなければ，Z_1は譲渡担保権に制約されない権利を取得することになる。では，動産はどうかというと，動産の場合には話が違ってくる。占有はYにあるのが普通なので，この占有を信頼してZ_1が取引関係に入ることは十分に考えられる。この場合に，占有改定があればXは対抗要件は備えていることにはなるが，Z_1は即時取得による保護を受けることができるだろう。

次に，Z_2による差押えの場合にはどうなるだろうか。不動産の場合には，Z_2が現れることは考えられない。手続上，Z_2はX名義の不動産を差し押さえることができないからである。しかし，ここでも動産の場合には別であって，Yの占有する目的物をZ_2がYの所有物として差し押さえてくることは十分に考えられる。この場合，Xは所有権に基づく**第三者異議の訴え**を起こすことができそうにも見えるが，Xの所有権が担保目的のものであることを重視するならば，Xに**配当要求**を認めれば足りるようにも思われる。学説上はこの見解も有力だが，民事執行法は譲渡担保権者に配当要求を認める規定を設けていない[1)]。この点を重く見るならば，配当要求は否定して，むしろ第三者異議を認めるべきかもしれない。

第三者異議の訴えか配当要求か　執行の目的物につき所有権など執行を排除しうる実体法上の権利を持つ者は，執行債権者を被告として執行の排除を求める訴えを提起することができる。これが第三者異議の訴えである[2)]。これに対して，配当要求は，執行債権者以外の債権者が自己の債権にも弁済するように求めて手続に参加することをいう。このように，第三者異議の訴えが，自己の権利を主張して他の債権者による強制執行自体を否定するのに対して，配当要求は，他の債権者による強制執行を前提としてそれに加わることによって自己の権利を実現しようとするものである。譲渡担保の所有権的側面を重視するならば前者に，担保権的側面を重視するならば後者に，それぞれ傾くことになる。

1)　民執133条は先取特権者や質権者には配当要求を認めている。
2)　民執38条。

(2) 担保権者側の第三者

まず W_1 との関係である。動産については，後で一言することにして，不動産の場合に限って見ていこう。

この場合，登記はXにあるので，Xが W_1 に目的物を自己の所有物として処分してしまうことは起こりうる。しかし，Xが有するのは譲渡担保権であり所有権ではないはずである。別の言い方をすると，設定者Yは完全に所有権を失うわけではなく，設定者留保権を有するはずである。そうだとすると，W_1 が完全な所有権を獲得するのは妥当ではないのではないか。そこで，学説は，原則として，W_1 は設定者留保権の負担のついた所有権を取得するだけであるが，例外的に，94条2項による保護を受けて完全な所有権を得られることもあるとしている。

この考え方は，私的実行開始後（被担保債権の弁済期到来後）においても基本的には妥当する。ただ，処分清算の特約がある場合には，弁済期到来後はXに処分権があるので，そのXから目的物を譲り受けた W_1 は完全な所有権を取得するとされている。

以上のような考え方は，一般的に見られた考え方である（ただし，実行開始後については少し違う考え方もある）。ところが，最判平6・2・22民集48-2-414［I 98］〈61〉が現れて，状況は流動化した。平成6年判決は，弁済期到来後は，帰属清算型・処分清算型のいずれであっても，譲渡担保権者Xは目的物の処分権を有するとして，譲受人 W_1 は完全な所有権を取得できるとしたのである。さらに進んで，この判決は，この場合には W_1 が背信的悪意者であっても問題にならないと判示している。

平成6年判決は，次の2点について，判例の立場を明示したことになる。一つは，法律構成にかかわるが，少なくとも弁済期到来後に関しては，Xに完全な所有権があるとして，94条2項による処理はしないとしたこと。もう一つ，実質論を見ると，私的実行後の処分はいかなる場合にも（W_1 が背信的悪意者でも）有効であるとしたこと。つまり，Yの受戻権の保護は非常に弱まったのである（留置権が成立するかは別問題である）。

残された問題　さらに，やや細かい問題がいくつかある。第一は，私的実行開始後の受戻権はどのような位置づけを与えられているのかという問題である。背信的悪意者にも負けるというのは物権的権利としては認められていないということなのか。そうだと考えて平成6年判決（[Ⅰ 98]〈61〉）に反対する見解も多い。第二は，この判決は，私的実行開始前の処分の取扱い（判例の立場は明らかでない）にも影響を及ぼすかという問題である。平成6年判決は，譲渡担保について所有権的構成をとることを明らかにしたものであると見るならば，私的実行前についても94条2項のみによる第三者保護という考え方はとらないことが含意されているということになるのではないか。以上の2点に関して，ある学説（道垣内）は興味深いことを述べている。これを参照しつつ若干の検討を加えてみたい。

まず，第一点に関しては次の点に注意が必要である。判例の立場に立っても，W_1登場前にYが債務を弁済すればYの受戻しは可能である。この場合には，W_1とYの関係は対抗問題になる。したがって，Yの登記が先ならばもちろん，W_1の登記が先でも，Yの弁済を知りつつ買い受けた場合にはW_1は背信的悪意者になる（最判昭62・11・12判時1261-71〈58〉）。これを前提に考えると，弁済未了の段階では，Yの受戻権が現実化していない（XからYへの物権変動が生じていない）ので，そもそも対抗問題にならないということになる。

次に，第二点に関してであるが，この点はわからないと言わざるをえない。考え方は二つないし三つある。一方で，判例は，弁済期の前後を通じて設定者留保権は債権的なものにすぎないと判示したと見ることも可能であるが（**図表8/9-3**ありうる考え方①），他方，判例は，弁済期到来前の処理については何も言っていないと見ることもできる（同②）。さらに第三に，設定者留保権は物権であるとしつつ，結論としては弁済期の前後を通じてW_1は完全な権利を取得す

図表8/9-3　平成6年判決の意義

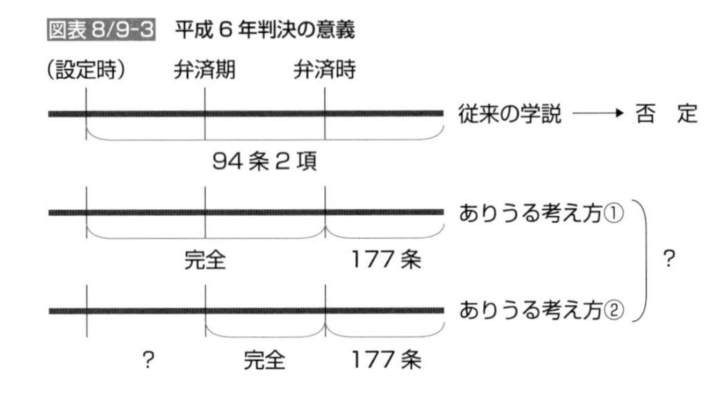

るという方向に判例は進むのではないかという見方を提示するものもある（道垣内）。最後の考え方は，設定者留保権を未登記物権と見る見方で，可能な考え方ではある。しかし，これだと設定者留保権＝物権としたことの意味はかなり希薄になる。

判例に対する学説の態度　平成6年判決（[Ⅰ 98]〈61〉）について，もう一言触れておきたい。譲渡担保の法的性質につき，今日，学説の多くは担保的構成をとっているのに対して，判例の立場ははっきりしない。確かに古い判例は所有権的構成をとっていた。第三者に対する処分についても古い時期にはそのような立場に立った判決がある。しかし，昭和40年代になると，判例は，譲渡担保の担保性に一定の配慮を見せるようになってきた（最判昭41・4・28民集20-4-900〈54〉，最判昭57・9・28判時1062-81〈56〉などを見よ）。ところが，平成6年判決は弁済期到来後についてではあるが，所有権的構成に向かうかに見える判断を示した。

これに対して，「判例は所有権的構成を捨てていないようであるが妥当ではない」と言ってすませるというのも一つの見方ではある。では，担保的構成に傾斜したように見えるそれまでの判決の位置づけはどうなるのか。流れが変わったということか。「妥当でない」とする見解はそう考えているのだろう。だが，従来の判決と平成6年判決とをあわせて全体を整合的にとらえることはできないだろうか。前の補足項目で紹介した学説の見方は，そのような方向をめざすものであると言える。ただ，繰返しになるが，そこで提案されている見方は，結果としては所有権的構成にかなりシフトしたものになっている。

何だかもやもやした話だと感じるかもしれない。判例はけしからんと言った方がすっきりすることは確かである。しかし，判例は判例，学説は学説というスタンスでよいのか，それとも，判例をより内在的に理解する努力が必要なのか。この点を分けるのは，学説の役割に関する立場の違いであろう。

差押えの場合　その後，判例は，被担保債権の弁済期後に譲渡担保権者の債権者が目的不動産を差し押さえた場合には，設定者は全額を弁済しても第三者異議により執行を免れることはできないとしている（最判平18・10・20民集60-8-3098〈62〉）。なお，学説の中には，この判例の傍論部分では第三者異議を認める可能性が示唆されているとして，単純な所有権的構成に立つわけではないとするものもある。

W_1との関係の説明が長くなったが，次にW_2との関係を見てみよう。この局面でも，不動産の場合には，登記はXにあるので差押えはありうる。ここでも，Yに設定者留保権に基づく第三者異議の訴えを認めるのではなく，94条2項の問題となるとする見解もあるが，むしろ第三者異議の訴えを認めることになるのかもしれない。

不動産とは異なり，動産の場合には占有はYにあるので，W_1への処分やW_2の差押えが問題となることはあまりないだろう。

Ⅲ　特殊な譲渡担保

一般の譲渡担保として説明したのは，目的物が動産または不動産の場合であった。しかし，譲渡担保の目的物はそれ以外にも可能である。以下においては，流動動産の譲渡担保，債権の譲渡担保について説明しよう。

1　流動動産譲渡担保

(1)　意　　義

流動動産譲渡担保とは何か。たとえば，ある工業製品のメーカーが融資を得ようという場合，工場に高価な機械があれば，これに譲渡担保を設定することができる。しかし，大した機械は使っておらず，財産としては原材料と在庫商品しかないというような場合もある。このような場合に，これらのものに譲渡担保を設定できると都合がよい。

それならば，原材料や在庫商品に譲渡担保を設定すればよいではないか，それらのものも動産には違いなく，譲渡担保の目的物となしうるだろう。そう思うかもしれない。確かに，倉庫にある原材料や在庫商品を目的物とすることは可能である。しかし，それはあくまでも現時点で倉庫にある特定の物（それは多数の物でもかまわない――複数の動産の譲渡担保には問題はない）を担保目的物にするということである。そうだとすると，将来において新たに製造された商品には譲渡担保の効力は及ばず，逆に，ほかに売却した商品には効力が及ぶことになる。どちらも当事者にとっては不都合なことである。

新たに製造された商品には効力が及ぶが売却された商品には効力は及ばな

図表 8/9-4 担保権の流動化

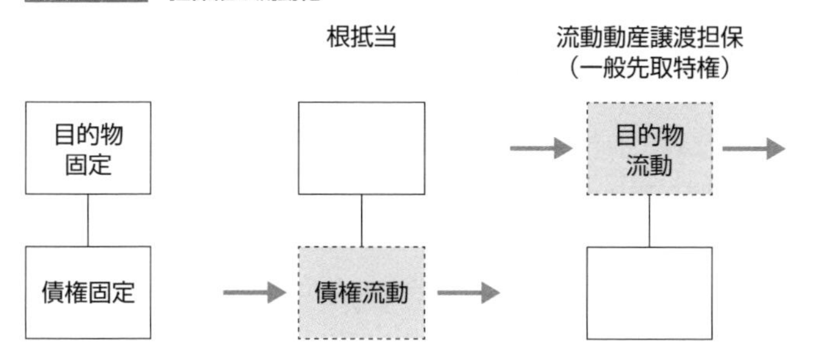

い，つまり，設定者の手元にある商品には過不足なく効力が及ぶような譲渡担保は考えられないだろうか。この需要に応ずるのが流動動産譲渡担保（集合動産譲渡担保と呼ばれることもある）である。流動動産譲渡担保とは，個々の物ではなく，一定の要件を満たす一群の物につき，物自体が入れ替わっても（流動しても）効力が及ぶというものなのである。

以上のような説明を聞いて何かを思い出す人もあるはずである（図表 8/9-4）。一つは根抵当である（⇒**第 *2* 節第** 4〔UNIT 6〕Ⅲ）。根抵当の場合には，被担保債権が流動する。個別に抵当権を設定しなくとも根抵当権を設定しておけば，一定の要件を満たす債権は被担保債権となる。つまり，根抵当権の効力が及ぶ。また，個々の債権が弁済等によって消滅することがあっても，根抵当権自体は消滅しない。これに対して，流動動産譲渡担保の場合には，目的物が流動するのである。では，目的物が流動するという制度はなかったか。ここで，もう一つ，対比すべき制度がある（⇒**第 *3* 章第 *2* 節**〔UNIT 12〕Ⅱ）。それは一般先取特権である。一般先取特権は債務者の責任財産全体（306 条では「総財産」）を担保目的物としている。新たに責任財産に入ってきた物には効力が及ぶが，責任財産から流出した物には効力は及ばない。この点は流動動産譲渡担保と共通なのである。

(2) 問 題 点

流動動産譲渡担保が認められれば便利にはちがいない。しかし，これを認めるのに障害はないだろうか。三つの問題に触れておこう。

第一は，理論的な説明である。流動動産譲渡担保を説明するためには，大きく分けて二つの考え方が提案されている。一つは，**分析論**と呼ばれる考え方であり，流動動産譲渡担保は個別の譲渡担保の集積にすぎないという見方である。この考え方は従来の考え方から大きく離れないというメリットがあるものの，設定時以降の目的物の変動をするためには，新たに目的物になるものには停止条件，目的物から外れるものには解除条件が付いているといった技巧的な説明を要することになるため，現在ではほとんど支持されていない。もう一つは，**集合物論**と呼ばれる考え方であり，流動動産譲渡担保は一定の範囲の集合物（内容は変動する）を目的物とする譲渡担保であると見る見方である。これが，今日では支配的な見解であり，判例もこの立場に立つものと理解されている（最判昭 54・2・15 民集 33-1-51〈67〉がリーディングケースだが，最判昭 62・11・10 民集 41-8-1559〈64〉も同旨）。

集合物について　旧民法財産編 16 条 3 号は「聚合物」を「群畜，書庫の書籍，店舗の商品の如き増減し得べき多少類似なる物」と定義していた。そこではまさに「増減し得べき」という性質に焦点が合わされており，「店舗の商品」が例示されていた。もっとも，当時は集合物の範囲を自由に画することができるという考え方はとられていなかったようである。後に，財産の集合体としての「財団」という考え方が現れ（たとえば工場財団など⇒**第 *2* 節第 4**〔**UNIT 6**〕**Ⅱ *1***），やがて公示手段（ファイリング）によって担保目的物の範囲を自由に画するという発想が続くことになる。

第二に，目的物の範囲の画定が問題になる。一般先取特権の場合には，目的物は債務者の総財産であるから，その範囲は明確である。ところが，流動動産譲渡担保の場合には，一定の動産が譲渡担保の目的物とされるので，目的物の範囲の画定が重要な問題となる。範囲が不確定では，債務者＝設定者と取引する第三者の期待が害されるおそれが生ずるからである。この点につき昭和 54 年判決は，「（倉庫の中の）食用乾燥ネギフレーク 44 トンのうち 28 トン」という定め方では目的物は特定されないとし，当該事案に関しては譲渡担保の成立を否定している。これに対して，昭和 62 年判決は，「第 1 ないし第 4 倉庫内及び同敷地・ヤード内……の……一切の在庫商品」という定め方を有効とした。この間のどのあたりで線が引かれることになるかは今のところ明らかではない（同一倉庫内でも空間的に区別がされていれば有効だろう）。

第三に，譲渡担保の効力も問題になる。集合物論をとると，設定後に目的物となった物にも譲渡担保の効力は及ぶ。では，その物が処分された場合，あるいは，その物に別の担保権が存する場合にはどうなるか。

この点については，同じ集合物論をとる見解の間でも考え方が分かれているが，動産先取特権との優劣が問題となった昭和62年判決を契機に活発な議論がなされるようになった。この判決の事案は，XがAの倉庫中の商品を譲渡担保にとっていたが，Yは倉庫中に保管されている特定の商品につき動産売主としての先取特権を主張したというものだったが（図表8/9-5），最高裁は，譲渡担保権の対抗要件は当該個別商品に及んでいるとの前提に立ち，Xは333条の第三取得者にあたるとして，Yの主張を斥けた。これに対して，Xは担保権者として保護すれば足りるとして，334条を類推適用すべきだとする（譲渡担保権を質権と同視する）見解が有力である。このように言っても，譲渡担保権は動産売買先取特権よりは先順位になるので優劣に変化はないが，Xの譲渡担保権が弁済等により消滅すればYの先取特権は存続しているので（333条は適用されないので）優先弁済が受けられることになる。

さらに，進んで，Xが把握しているのは一定の「集合物」ないし「価値枠」であって，譲渡担保の効力は個々の動産には及ばないという見解も説かれている[1)]。そうだとすると，Xは実行に着手しない以上，個々の目的物の処分には無関係であり，Yの先取特権は消滅しないということになる。最

図表8/9-5 昭和62年判決の事案

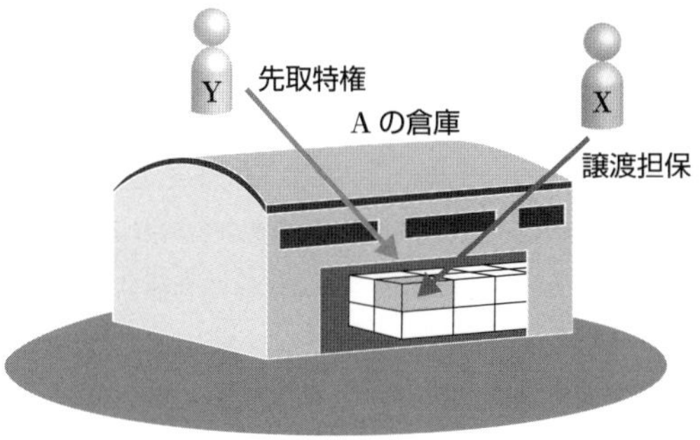

1） 道垣内334-335頁，335-336頁注（＊）。

後の考え方は，流動動産譲渡担保の効力を弱める結果となるが，この程度の効力を認めればよいとも言える。

非典型担保と契約の解釈①——流動動産譲渡担保の場合　内容が流動する集合物の範囲は，（客観的な事情も考慮に入れた）契約の解釈によって決められる。もっとも，このように考えなくても，契約に定められた方法で処分された物には譲渡担保の効力は及ばないという合意があると考えれば，問題はどの範囲でいかなる処分が許されたと解すべきかということになる。譲渡担保の効力についても，集合物の場合には個々の物には担保権は及ばないと解する方向とともに，そうした合意がなされたと解する方向がありうるだろう。ここでの問題は，「集合物」という概念を用いることが契約解釈にとって有益か否か，第三者との関係を規律する上で有益か否か，ということになりそうである。

動産譲渡登記制度の創設　2004年に債権譲渡特例法が改正され，新たに動産譲渡登記制度が創設された（法律名も動産・債権譲渡特例法に改められた）。この制度によって，債権譲渡の場合と同様に（⇒本シリーズ債権編），動産についても譲渡ファイルへの登記によって対抗要件を備えることが可能になった（同法3条1項は「民法第178条の引渡しがあったものとみなす」としている）。この制度は主として，流動動産譲渡担保の対抗要件具備のために構想されたと言えるが，規定上は譲渡の目的を限定していない（担保目的に限らない）。また，個別の動産についての利用も排除されていない。ただし，債権譲渡の場合と同様に（同法1条），譲渡人が法人の場合に限って利用可能である。なお，立法過程においては，登記に優先効（先になされた占有改定に優先する効力）を認めようという考え方も示されたが，最終的には，他の対抗要件と同列に扱われることとなった。しかし，この制度によって，従来よりも明確な形で，譲渡担保の存在を公示することになった点は大きな進展であると言えるだろう。もっとも，登記された動産が自動的に即時取得の対象から外れるというわけではないが，それでも従前に比べれば即時取得の可能性は低くはなるだろう。

非典型担保に関する立法論的検討　2019年3月から，動産や債権を対象とする非典型担保（譲渡担保）につき，将来の立法を視野に入れつつ，「①譲渡担保等に関する判例法理を参考に，動産を目的とする非占有型担保権や流動集合物（債権）を目的とする担保権等について明文の規定を設けること，②動産・

債権等の担保に関する法律関係を明確にして予測可能性を高めること，③動産・債権等の担保に関する法制度をより合理的なものにすること」を目的とする研究会が法務省も参加して行われている。その問題意識は，次のように説明されている。「動産や債権を目的とする担保の実体的な法律関係の内容を明らかにすることは，専ら判例法理に委ねられてきた。判例法理の蓄積により，譲渡担保に関する実体的な法律関係は相当程度明らかになってきたが，なおルールが不明確な場面が残されている。例えば，譲渡担保権と他の担保権の優劣関係，譲渡担保権が及ぶ従物や代償物の範囲，設定者が不当に目的物を処分した場合の法律関係，債務者が倒産した場合における譲渡担保権の取扱いなどは，部分的に判例があるが，その射程は必ずしも明確ではなく，また，判例によって解決されていない問題も残されている。さらに，動産譲渡登記における目的物の特定の在り方，譲渡担保権の対抗要件の在り方，譲渡担保権の実行の在り方など，現在のルールの見直しが必要な場面があるとの指摘もある。」（動産・債権を中心とした担保法制に関する研究会・研究会資料1）。

2　債権譲渡担保

(1)　意　義

先ほどの例で，機械もない上に在庫商品もない，財産としては債権だけがあるという場合を考えてみよう。たとえば，あまり高価な医療機器を持たない村の診療所の場合には，健康保険の支払機関に対する報酬債権が主要な財産である。また，信販会社などの場合には，多数の顧客に対する小口の金銭債権が主な財産となる。このような場合には，債権を担保にとれることが望ましいということになる。そこで，**債権の譲渡担保**が行われるようになった。

なお，いまあげた例からわかるように，ここでも問題になるのは，目的物である債権が流動する場合である。一個の債権を担保にとるためには，譲渡担保を用いる必要がない。債権質を用いればよいからである。実際のところ，個別債権に関する限り，債権譲渡担保と債権質との間にはほとんど差はない（証書がある場合には，質権だと証書の引渡しが必要だが，証書のない場合にはこの点でも差がなくなる）。それにもかかわらず譲渡担保が行われているが（所有権を得たという「安心感」があると言われている）[1]，債権質と効果が同じならば，債権質の設定がなされたと言えば足りるのではないか（証書のある場合については，従前は，民法の規定にもかかわらず慣習により，証書非移転型の質権が認められるようになったと言う必要があったが[2]，旧363条が改正されたことによってこの問題も解消された。⇒**第1節**〔UNIT 2〕Ⅲ**2**）。

当事者が譲渡と言っているのだから譲渡ではないかと思う人がいるかもしれない。譲渡ということによって効果が変わる（そして，それに合理性がある）ということならば，その意思を尊重しなければならない。しかし，実質は質権設定でレッテルだけが譲渡である場合には，それは質権設定と見るべきではなかろうか（たとえば，契約書のタイトルに「賃貸借」と書いてあっても中身が所有権移転と代金支払の約定であればそれは「売買」にほかならない。当該契約は「売買」と性質決定されるべきなのである）。

性質決定は誰が，いかに行うか　当事者が自分たちの設定したのは「権利質」であると認識（性質決定）していたとしても，裁判所がそれを「債権譲渡担保」であると再性質決定することは妨げられない。たとえば，XからYへの所有権移転と，YからXへの金銭支払とが合意された場合，X・Yがこれらを二つの贈与として性質決定したとしても，裁判所が，二つの給付の間に牽連性を見いだして，これを売買と性質決定することは十分にありうるのと同様である。この場合に，当事者の意図は牽連性の存否の判断に一定の影響を及ぼしうるが，これによって性質決定は完全には支配されない。裁判所は，客観的要素・主観的要素の双方を考慮に入れた上で，性質決定を行う。

譲渡担保設定の認定　判例は，買戻特約付売買の形式がとられていても，目的不動産の占有移転がない場合には，特段の事情がない限り，担保目的の譲渡担保であると解すべきであるとしている（最判平18・7・20民集60-6-2499［Ⅰ99］〈65〉）。また，再売買予約の形式がとられていても，目的物の占有移転がない，代金の授受が行われていないなど事情がある場合には，担保目的で譲渡担保契約が締結されたと解すべきであるとしている（⇒**第1**〔**UNIT 7**〕）。

1）　道垣内350頁注（＊）を参照。
2）　鈴木・物権276頁，310頁。

(2) 問題点

個別債権ではなく，流動債権が譲渡担保の目的物とされた場合に限って，その問題点を考えてみよう。最大の問題は対抗要件にある。債権譲渡担保の場合，その対抗要件は債権譲渡の対抗要件である通知承諾であると考えられている。この対抗要件の具備は，個別債権の場合には，少なくとも理論上は容易である（実際には，担保設定者が第三債務者に担保設定を知られるのをいやがるので，対抗要件の具備はなされないことが多いと言われている）。流動債権の場合にはどうか。これは場合を分けて考える必要がある。

◆ **将来債権について** 先にあげた例のうち，村の診療所の場合には，債務者は固定されているから，その者に対して包括的に譲渡担保の通知をすればよい。担保の目的物となる債権の範囲を特定することは必要だが，それができていれば包括的な通知も有効と解することができる。

もっとも，将来発生する債権については譲渡の対象となりうるかが問題になるが，最判昭53・12・15判時916-25は，それほど遠い将来のものでなければその発生が確実に予測しうるので，始期と終期を限って範囲を特定することにより，有効に譲渡することができるとした。その後，医師の診療報酬債権に関しては1年分に限って差押えを認めるという実務が定着した。ところが，その後，最判平11・1・29民集53-1-151［Ⅱ26］〈139〉が現れた。争われたのはやはり医師の診療報酬債権で，事案は，債権譲渡後6年以上経ってから現実に債権が発生したというものだった。原審が，債権譲渡後1年を超えてから発生した債権については譲渡の効力は及ばないとしたのに対して，最高裁は，これを破棄した。その理由は，債権発生の可能性は譲渡契約の当事者が自らのリスクで判断すべきことがらであり，債権の発生の可能性が低いからといって譲渡契約の効力が当然に否定されるわけではないという点に求められた。この判決の登場によって，より広く将来債権の包括的な譲渡を認める方向が打ち出されたことになる（「実務界が待ちに待った判決」だそうである）。ただし，学説には，債権発生の可能性が全く必要でないかどうかはなお明らかになっていないとするものも少なくない（たとえば，私がこれから書いて出版社に売り込もうと思っている民法の体系書シリーズの原稿料債権を譲渡することはできるか)。

なお，平成11年判決も二つの例外を認めていることを付け加えておこう。一つは譲渡人の自由を過度に拘束する場合，もう一つは他の債権者に不当な不利益を与える場合であり，これらの場合には譲渡契約は公序良俗違反で無効となるとしている。前者はともかく後者が何を指すのかは必ずしも明らかではない。

本契約型と予約型　将来債権の譲渡に関しては，その後も判例の展開が見られ，(確定的に譲渡する) **本契約型**と (譲渡の予約をしておく) **予約型**との処遇の違いが明らかにされた。まず，最判平12・4・21民集54-4-1562〈140〉は，予約型の事例において，目的債権の特定性につき，予約完結時に他の債権から識別できる程度に特定されていればよいとした。これにより，特定性に関する判断基準が示されるとともに，将来債権の譲渡には，本契約・予約の二つの道が開かれたかに見えた。ところが，翌年には，予約型には大きな障害があることが明らかになった。すなわち，最判平13・11・22民集55-6-1056 [I 100]〈141〉は，譲渡担保の実行通知があるまでは原債権者 (譲渡人) に支払うべき旨を記載した譲渡通知を，譲渡人に取立権限を付与する合意を付加したものと構成した上で，これを対抗要件として有効であるとした。これに対して，最判平13・11・27民集55-6-1090〈142〉は，債権譲渡の予約につき通知・承諾がなされたとしても，この通知・承諾によって予約完結を第三者に対抗することはできないとしたのである。従来，実務では，本契約型か予約型か判然としない例も少なくなかったというが，以上の判例を受けて，今後は本契約型が用いられることになるだろう。

非典型担保と契約の解釈②——債権譲渡担保の場合　将来債権の譲渡担保につき，判例は当事者の意思を重視する態度を明確化するに至った。担保目的となしうる債権の確実性に対する一定の線引きをもはや行わないという姿勢の中には，契約を物自体の制約から解放する契機が含まれているが，公序良俗による掣肘だけでその放逸さを制御しうるのだろうか。別の言い方をするならば，あまりにも不確実な未来に関する契約に対しては，何かほかの観点からの規律が必要とされているのではないか。なお一考を要するところである。

◆ **対抗要件の簡略化について**

もう一つの場合，すなわち，信販会社の場合には別の問題がある。この場合には，債務者は一人ではないので，一括して通知するということができない。もちろん個別に通知をすればよいが，それは実際上は困難だし，また，そこまでやれば個別債権を譲渡担保（あるいは債権質）にとったことになる。この点を解決するために，1992年に旧「特定債権等に係る事業の規制に関する法律」（特定債権法）が制定され，多数の小口債権を有する信販会社やリース業者は，日刊新聞への公告によって確定日付のある通知をしたものとみなされるという規定が設けられた（同法7条）。いわゆる業法によって民法の債権譲渡法の大原則に大きな修正が加えられたわけである。さらに，債権譲渡のところで述べたように（⇒本シリーズ債権編），1998年に制定された（2004年に改正され，動産をも対象とするに至った）「動産及び債権の譲渡の対抗要件に関する民法の特例等に関する法律」（**動産・債権譲渡特例法**）によって，債権譲渡の対抗要件はより広い範囲で簡略化された。

> **債権譲渡登記制度の改正**　将来債権の譲渡に関しては対抗要件の簡略化はさらに進められ，2004年の債権譲渡特例法の改正により，債務者が登記事項から外されたため（同法旧5条1項6号は8条2項4号に改められ，「譲渡に係る債権の債務者その他の」という文章が削除され，これに続く「譲渡に係る債権を特定するために必要な事項で法務省令で定めるもの」のみが存置された），債務者不特定の将来債権の譲渡も登記可能になった。また，これまで記載の仕方に疑義があった将来債権の債権総額も登記事項から外された（同法旧5条1項5号は8条2項3号に改められ，「譲渡に係る債権の総額」の「債権」に「既に発生した債権のみを譲渡する場合に限る」というかっこ書が付加された）。

第4　所有権留保

非典型担保の最後に取り上げるのは所有権留保であるが，ここでも，その生成（Ⅰ）と効力（Ⅱ）とに分けて説明しよう。

Ⅰ　所有権留保の生成

1　所有権留保とは何か

仮登記担保・譲渡担保は金銭の貸主が用いる担保手段であったが，**所有権留保**は売買における売主が未払代金の支払確保のために用いる担保手段である。売主はしばしば，占有は買主に移すものの，代金の支払までは目的物の所有権を自らに留保するという約定をするのであるが，これが所有権留保である。

なぜ所有権留保が行われるのかを考えてみよう。売主には，代金債権確保の手段として，ほかに，動産売買先取特権（⇒**第3章第2節**〔UNIT 12〕）や売買契約の解除という手段が与えられている。しかし，先取特権の場合は，第三取得者が現れると消滅してしまう（333条）。物上代位（304条）は可能だが差押えが必要である。また，契約解除の場合にもやはり，第三者には負けることがある（545条1項ただし書）。そこで，より確実な担保手段が求められることになる。では，譲渡担保はどうか。もちろん，譲渡担保でもよい。売買代金債権の担保のために債務者である買主が所有する目的物を譲り受けることは可能であろう。しかし，何かを新たに譲り受けなくとも，売主は買主に譲渡すべき物を手中にしているのだから，これを担保にとればよい。そのためには，所有権の新たな移転は不要であり，譲渡を遅らせれば足りるのである（図表8/9-6-1）。

図表8/9-6-1　譲渡担保と所有権留保の対比（当事者の法律関係）

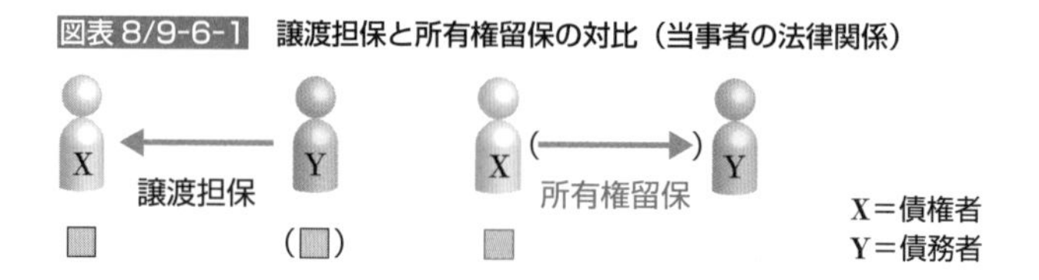

なお，2点を付け加えておこう。第一に，所有権留保は，動産についても不動産についても用いることができそうであるが，実際には動産が目的物とされることが多いということ（なお，宅地建物取引業法は宅建業者が売主となる

不動産売買において所有権留保を行うことを禁止している)[1]。第二に，所有権留保と似た機能をはたすものとして**リース**（リース会社が商品を購入して，賃貸借の形で顧客に使用させ対価を得る。たとえば，コピー機などはリースによっているものが多い）があるということ。判例は，リースを担保付売買とは認めていないが，清算義務などの点に関しては担保的な扱いをしている（図表 8/9-6-2）。

図表 8/9-6-2　リースと所有権留保の対比（当事者の法律関係）

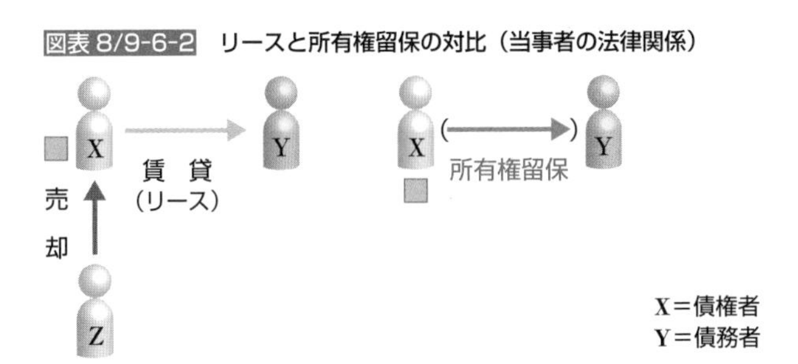

2　所有権留保の問題点

所有権留保にも，担保として，その効力を認めるのに妨げとなるような問題がいくつかある。

一つは理論上の問題である。日本では，物権変動について意思主義がとられているが，合意によって所有権移転の時期をずらすことは妨げないとされている。これを前提とするならば，所有権留保とは，代金完済まで所有権移転を遅らせるという約定にほかならないから，当然にそれは有効だということになる。事実，所有権留保の効力自体を否定する議論はない。しかし，たとえば，フランスでは 1980 年に立法がなされる前には，売主の所有権留保は買主倒産のときにその効力を否定されていた（他の債権者に対抗できない）。所有権留保＝当然有効という前提は疑いうる（所有権移転時期に関する合意は無制限に有効とされるわけではない）ということを知っておいてほしい。

もう一つは実際上の問題である。一見すると，所有権留保に関しては，売

1）　宅建業法 43 条。

買代金と担保目的物の価値は均衡しているので，清算義務は問題にならないように見える。しかし，必ずしもそうとばかりは言えない。これは当事者間の問題だが，第三者との間にも特殊な問題がある。それは，所有権留保には，その取引の性質からして，第三者効を無制限に認めてはおかしい場合があるということである。

これらの問題についてどう考えるかは，所有権留保の効力の問題として，項を改めて検討することにしよう。

Ⅱ 所有権留保の効力

1 私的実行の方法

私的実行のためには改めて所有権を移転する必要はない。ただし，売買契約の解除の意思表示が必要か否かについては争いがある。これを不要と解しても担保権の実行のための意思表示は原則として必要だろう。

所有権留保の場合には，清算義務が生ずることは考えにくいと言われているが，次のような問題がある。たとえば，XからYが100万円の自動車を10万円ずつ10回の分割払で購入したが，8回まで弁済を終えたところで支払ができなくなったので，Xが担保の実行の意思表示をしたという場合を考えてみよう。いったん売却されると目的物の価格は通常はかなり下落する（中古品になる）。いま，自動車の価値が60万円になったとすると，Xは残債権20万円につき優先弁済を受けるために60万円の価額の物の所有権を確定的に得たことになる。そうだとすると，差額40万円の清算が必要になる。

割賦販売法は，一定の指定商品が割賦で売却された場合につき，以上のような結果を違約金の制限という形で実現している[1)]。違約金として請求できる額は割賦売買代金から目的物価額を控除した額を上限とするとしているのである（上の例だと100万円から60万円を引いた40万円までが請求可能だが，すでに80万円が払われているので40万円の返還が必要となる）。

1） 割賦販売法6条。

2　倒産時の効力

買主の倒産時の効力に関しては，両極端の考え方がありうる。一方に，所有権留保がなされ代金が未払の場合には，当該売買契約は双方未履行の双務契約として取り扱われるという考え方がありうる（破53条，会更61条）。そうなると，たとえば，破産の場合には，管財人は履行か解除を選択可能であるということになり，解除の場合には売主の債権は破産債権となって，破産手続の中で目的物の返還請求をすることになる（破54条）。他方，売主の所有者としての地位を重視して取戻権（破62条，会更64条1項）を与えるべきだという考え方もありうる。

前者については，双方未履行であるとは見ない（売主の債務は履行済み。所有権は担保のため）とするのが通説である。また，後者についても，担保としての側面を重視して別除権（破65条）・更生担保権（会更2条10項）（⇒**第*2*節第1**〔UNIT 3〕Ⅲ）を認めれば足りるとする見解が通説である。なお，前者に関しては通説に従うが，後者に関しては取戻権を認めるとする中間的な考え方もある[1]。担保ではあるが所有権移転という方法をとっているという点を無視すべきではないということだろう。

判例の動向　判例は，自動車の購入者につき民事再生手続が開始された場合，その時点で当該自動車につき自己を所有者とする登録がなされていない限り，所有権留保売主は別除権を行使できないとしている（最判平22・6・4民集64-4-1107）。

3　第三者との関係

目的物の占有は買主Yにあるので，売主側の第三者との関係はほとんど問題にならない。これに対して，買主側の第三者Zとの関係では重大な問題が生ずる（図表8/9-7）。

卒然と考えると，Yの占有を信頼したZだけを保護すれば足りる，すなわち，94条2項（あるいは192条）を適用すればよいように思われる。確か

1）　道垣内373-374頁。

図表 8/9-7　所有権留保と第三者（当事者の法律関係）

売主　買主　第三者
X（→）Y → Z
所有権留保

に，XとZとが無関係の場合にはそう考えることができる（たとえば，最判平30・12・7民集72-6-1044は，所有権留保と流動動産譲渡担保の優劣につき，前者を優先させている）。しかし，Xがメーカー，Yが小売商人，Zが消費者である場合を考えてみよう。この場合には，Zは，自分の購入する物が所有権留保の目的物になっていると知っていたら所有権を獲得できないということでいいのだろうか。また，Xは，YがZに転売することを予定して目的物をYに譲渡しているのに，YがZに対して行った処分を否定するような権利主張をしてよいのだろうか。

この点が争われたのが，最判昭50・2・28民集29-2-193〈69〉であった。結論として，判例は，権利濫用を理由に，XのZに対する所有権留保の主張を斥けた。今日，この結論には異論はないが，理由づけがこれでよいかどうかには議論がある（権利濫用構成ではXの引渡請求は斥けられるが，Zに所有権が認められるわけではない）。権利濫用構成に代えて，代理人構成（YはXの代理人であるとする），授権構成（XはYに転売の権限を付与した）などが提案されているが，それぞれにやや無理があるという批判もある。しかし，予定されている処分の場合には，所有権留保の効力は処分の相手方（Z）に及ばないという考え方は，非典型担保法に広く見られる考え方であり，おかしなものではない（譲渡担保の処分清算特約，流動動産譲渡担保の目的物処分など。ただし，いずれの場合にも不当処分がされれば担保の効力が及ぶ）。さらに言えば，昭和50年判決のような取引では，ある意味では，「流動動産所有権留保」というようなものを考えることができるかもしれない（XがYに売却した自動車のうちYの手元にあるもののみが所有権留保の目的物となる）。

非典型担保と契約の解釈③──所有権留保の場合　権利濫用構成は所有権留保の効力は当然に転得者に及ぶことを前提としているが，流動動産や将来債権の譲渡担保に関する現在の見方にならい，所有権留保の約定を合理的に解釈するならば，本文に掲げた「流動動産所有権留保」というとらえ方がでてくるだろう。この前提の下でも，所有権留保の効力は転得者に及ぶという特約がなされることはありうるが，それは権利濫用というよりも，流動動産所有権留保の性質と抵触する条項として書かれざるものと解されるべきだろう。

非典型担保については，所有権的構成をとるか極端な担保的構成（抵当権説）をとることにすれば，話はすっきりする。しかし，そうではなく，担保目的は考慮しつつも法形式も無視しないという立場をとると，各担保類型につき問題に応じて効果を決めていくという細かい話になってくる[1)]。

撤去義務・不法行為責任を負うのは誰か　判例は，立替払で購入された自動車が第三者の駐車場に放置されていた事例につき，動産の留保所有権者は，当該動産が第三者の土地上に存在することによって当該土地所有権の行使を妨害していても，残債務の弁済期到来までは特段の事情がない限り，当該動産の撤去義務や不法行為責任は負わないとしている（最判平21・3・10民集63-3-385［Ⅰ 101］〈70〉）。判例は，担保的構成に向かったとも言えるが，責任の所在と所有権の所在を切り離したと考えることもできる。

1)　鈴木・物権285頁。道垣内277頁も参照。

MAIN QUESTION

残る問題は何か？

KEY SENTENCES

■譲渡担保とは，債権の「担保」という目的のために，所有権の「譲渡」という手段（法技術）を用いるものである。
■譲渡担保は，動産の場合には「便利」であるし，不動産の場合には「確実」な担保手段である。……担保権者に有利である反面，担保設定者に不利益をもたらす可能性を秘めていることも否定しがたい。
■その（担保的構成の）背後には，形式・論理よりも実質・機能を重視するという戦後民法学に支配的な考え方（「利益考量論」と呼ばれる）の影響を見てとることができる。
■少なくとも会社更生に関しては，譲渡担保は担保権同様の処遇を受けている。
■弁済期到来後は，帰属清算型・処分清算型のいずれであっても，譲渡担保権者は目的物の処分権を有するとして，譲受人は完全な所有権を取得できるとした。
■債権発生の可能性は譲渡契約の当事者が自らのリスクで判断すべきことがらであり，債権の発生の可能性が低いからといって譲渡契約の効力が当然に否定されるわけではない。

TECHNICAL TERMS

譲渡担保　所有権的構成から担保的構成へ　受戻権　清算義務　帰属清算型・処分清算型　第三者異議の訴え　配当要求　流動動産譲渡担保　分析論・集合物論　債権の譲渡担保　本契約型・予約型　動産・債権譲渡特例法　所有権留保　リース

REFERENCES

米倉明・譲渡担保の研究（有斐閣，1976）
近江幸治・担保制度の研究――権利移転型担保研究序説（成文堂，1989）
椿寿夫・集合債権担保の研究（有斐閣，1989）
道垣内弘人・買主の倒産における動産売主の保護（有斐閣，1997）

　最初のものは，抵当権説の主唱者の論文集。第二のものは，譲渡担保に関する歴史的研究。第三のものは，今日，重要度の高まっている表題の問題に対する先駆的な研究。第四のものは，所有権留保を中心に売主保護の方策を総合的に検討するもので，民法の側から倒産にアプローチする。

第2章 人的担保

UNIT 10/11 保証と連帯債務——人的担保は担保か？

1　不真正連帯債務
2　多数当事者の債権債務関係

■参照条文■　427条～465条，501条～504条，身元保証ニ関スル法律
＊もうひとつⅡ-19，みかた2-8，3-5

（連帯債務者に対する履行の請求）
第436条　債務の目的がその性質上可分である場合において，法令の規定又は当事者の意思表示によって数人が連帯して債務を負担するときは，債権者は，その連帯債務者の一人に対し，又は同時に若しくは順次に全ての連帯債務者に対し，全部又は一部の履行を請求することができる。
（相対的効力の原則）
第441条　第438条，第439条第1項及び前条に規定する場合を除き，連帯債務者の一人について生じた事由は，他の連帯債務者に対してその効力を生じない。ただし，債権者及び他の連帯債務者の一人が別段の意思を表示したときは，当該他の連帯債務者に対する効力は，その意思に従う。
（連帯債務者間の求償権）
第442条　①　連帯債務者の一人が弁済をし，その他自己の財産をもって共同の免責を得たときは，その連帯債務者は，その免責を得た額が自己の負担部分を超えるかどうかにかかわらず，他の連帯債務者に対し，その免責を得るために支出した財産の額（その財産の額が共同の免責を得た額を超える場合にあっては，その免責を得た額）のうち各自の負担部分に応じた額の求償権を有する。
②　前項の規定による求償は，弁済その他免責があった日以後の法定利息及び避けることができなかった費用その他の損害の賠償を包含する。
（保証人の責任等）
第446条　①　保証人は，主たる債務者がその債務を履行しないときに，その履行をする責任を負う。
②　保証契約は，書面でしなければ，その効力を生じない。
③　保証契約がその内容を記録した電磁的記録によってされたときは，その保証契約は，書面によってされたものとみなして，前項の規定を適用する。
（連帯保証の場合の特則）
第454条　保証人は，主たる債務者と連帯して債務を負担したときは，前二条の権利を有しない。

（弁済による代位の効果）

第 501 条 ① 前二条の規定により債権者に代位した者は，債権の効力及び担保としてその債権者が有していた一切の権利を行使することができる。

② 前項の規定による権利の行使は，債権者に代位した者が自己の権利に基づいて債務者に対して求償をすることができる範囲内（保証人の一人が他の保証人に対して債権者に代位する場合には，自己の権利に基づいて当該他の保証人に対して求償をすることができる範囲内）に限り，することができる。

③ 第一項の場合には，前項の規定によるほか，次に掲げるところによる。

一 第三取得者（債務者から担保の目的となっている財産を譲り受けた者をいう。以下この項において同じ。）は，保証人及び物上保証人に対して債権者に代位しない。

二 第三取得者の一人は，各財産の価格に応じて，他の第三取得者に対して債権者に代位する。

三 前号の規定は，物上保証人の一人が他の物上保証人に対して債権者に代位する場合について準用する。

四 保証人と物上保証人との間においては，その数に応じて，債権者に代位する。ただし，物上保証人が数人あるときは，保証人の負担部分を除いた残額について，各財産の価格に応じて，債権者に代位する。

五 第三取得者から担保の目的となっている財産を譲り受けた者は，第三取得者とみなして第一号及び第二号の規定を適用し，物上保証人から担保の目的となっている財産を譲り受けた者は，物上保証人とみなして第一号，第三号及び前号の規定を適用する。

前章までで，非典型担保も含めて約定担保に関する説明を終えた。これらは物的担保であるが，担保としてはこのほかに人的担保がある。本章は，この人的担保の説明にあてる。具体的には，保証債務（**第 *1* 節**）と連帯債務（**第 *2* 節**）について検討する。

人的担保と債権法改正　本書で「人的担保」という観点から取り上げている民法第 3 編第 1 章第 3 節「多数当事者の債権及び債務」は，2017 年の債権法改正の対象となった。改正の中心をなすのは連帯債務の絶対的効力事由の整理と保証人保護の推進である。特に後者に関しては，事業者でない保証人の保護の強化がはかられた。たとえば，2004 年の改正によって保証契約は要式契約とされたが（446条2項），これに加えて，事業のために負担した貸金等債務に関する個人保証・個人根保証については，公正証書の作成を義務づけることとされた（新465条の6。新465条の9が例外を定めるが，これについては後述する）。なお，保証人に対する情報提供義務に関する規定（新465条の10）についても後述する。

第*1*節　保証債務

まず，保証とは何か，保証人の地位はいかなるものかにつき，一般的な説明をする（Ⅰ）。その上で，いくつかのタイプの特殊な保証を取り上げる（Ⅱ）。そして，最後に，保証債務履行後の求償関係にからむ諸問題を検討する（Ⅲ）。最後の部分はやや難しいが，本書の最後の難所だと思って取り組んでいただきたい。

Ⅰ　一般的な検討

1　保証とは何か

(1)　保証の機能

保証とは，債務者に代わって債務を履行することを予め約束することである。このような約束をする者を**保証人**，保証人が負う債務を**保証債務**という。また，保証の対象となる債務を**主債務**と呼ぶ（図表10/11-1）。

図表10/11-1　保証（当事者の法律関係）

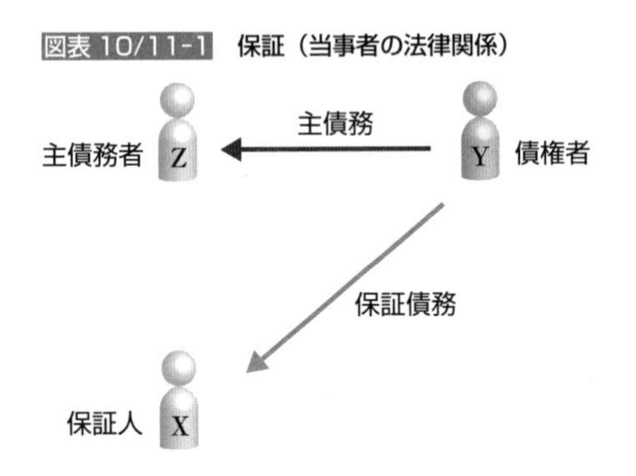

保証がなされることによって，主債務者Ｚが債務の履行を行わない場合に，債権者Ｙは保証人Ｘに対して保証債務の履行を求めることができる。Ｘが任意に保証債務を履行しない場合には，強制執行も可能である。もちろん，ＹはＺに対しても強制執行を行うことが可能であることは言うまでもない。別の言い方をすると，主債務の引当てとして，ＹはＺの責任財産に加えてＸの責任財産をも当てにすることができることになるわけである。

債務者の数を増やして責任財産の範囲を増やすことによって，債務の弁済を確実ならしめるのが人的担保であるが，保証が典型的な人的担保であることは以上から明らかであろう。実際のところ，主債務者に目ぼしい物的担保がない場合にはもちろん，物的担保がある場合にも（人的担保は，設定も実行も簡単だから），債権者が債務者に対して保証人を立てることを要求するということは，ごく普通に行われている。

類似の概念との対比　保証は予めなされた約束に基づくものだが，約束をせずに弁済することも可能（第三者弁済となる）である。主債務成立後の約束による場合には併存的債務引受になる。この場合にも，債務者自身の債務がなくなるわけではない。これがなくなるのは免責的債務引受である（⇒本シリーズ債権編）。

なお，保証人となると，自己の責任財産全部を主債務の引当てにすることになる。そうではなく，ある特定の財産に（主債務者の債務を被担保債権として）抵当権を設定することもあるが，これを**物上保証**と呼んでいる。物上保証には保証と類似の面がある。さらに，自己の債務のために抵当権を設定した不動産をＺから譲り受けた第三取得者は，Ｚが債務を履行しないと抵当権を実行されてしまうので，結果的に物上保証人と同様の地位に立つことになる。そうだとすると，第三取得者にも保証人類似の面があるということになる（これらを一括して担保提供者と呼ぶ論者もある）。

(2) 保証契約

保証は保証契約によって成立する。ここで注意すべきは，契約の当事者とその性質である。

根保証契約書

P商事株式会社（以下甲という）とQ物産株式会社（以下乙という）との間に，次のとおり連帯根保証契約を締結した。

第1条　乙は甲に対し，R印刷株式会社（以下丙という）が甲に負担する次の債務履行を下記の約定により保証する。

① 丙が甲より本日以降借り受ける借受金の返済債務。

② 丙が甲に対し前号の債務の弁済のために振出しまたは裏書譲渡する手形および小切手上の一切の債務。

③ 前記借受金の利息ならびに前2号の各債務の不履行による一切の損害賠償債務。

第2条　乙は甲に対し丙と連帯して保証債務を負う。

第3条　乙の甲に対する保証限度額は，金20,000,000円とする。

第4条　乙の甲に対する保証期間は，本日より向う3年間とする。

本契約の成立を証するため，本証書2通を作り，甲乙各自記名押印して，それぞれ1通ずつを所持する。

平成28年3月4日

東京都港区三田6丁目15番45号
甲　債権者　P商事株式会社
代表取締役　甲山春雄　㊞
東京都新宿区西早稲田16番1号
乙　連帯保証人　Q物産株式会社
代表取締役　乙川秋雄　㊞

◆ **契約当事者**

まず注意すべきは，保証契約の当事者は保証人Xと債権者Yであること。多くの場合には，主債務者Zの依頼に応じてXは保証人になることを承諾するが，Yに対して保証人としての義務を負うという内容の保証契約を締結するのは，「XとZ」ではなく「XとY」なのである。もちろん，Zの依頼に応じてXが保証人になる（Yと保証契約を結ぶ）という関係も契約にちがいない。しかし，このX・Z間の契約は保証契約とは呼ばない。

◆ **契約の性質**[1]

次に，保証契約の性質についてである[2]。保証契約は主たる債務を発生させる契約とは別個の契約ではあるものの，その目的は主たる債務を担保することにある。それゆえ，主たる債務が成立しなければ成立せず，また，主たる債務が消滅すれば消滅する（**付従性**）。また，主たる債務が移転すれば保証債務もそれに伴って移転する（**随伴性**）。保証契約のこのような性質は，その効力に影響を及ぼすが，保証契約の効力については，改めて次の項で説明することにする。

保証契約の性質に関しては，保証契約によって保証人は債権者から報酬を得るわけではないことにも注意が必要である。つまり，保証契約は無償契約なのである（もちろん，保証契約の締結を委託するためにZがXに金銭の支払を行う場合もある。しかし，一般の契約においては，Xは，Zとの人間関係に基づいて，無償で保証人となることが多い）。

◆ **方式の要求へ**

このような無償性を考慮に入れるならば，保証契約の成立の認定は慎重になされる必要がある。実際のところ，ドイツやフランスでは，法律・判例によって保証契約の成立には契約書が要求されている。日本でも，贈与契約につき実質的には書面が要求されていることを考えるならば，口頭でなされた保証契約の認定には慎重さが要求されるだろうし，黙示の契約成立などは認めるべきではないとされてきた[3]。こうした考え方を受けて，2004年の改正では，保証契約は要式契約とされるに至った（446条2項。なお，3項も参照）。

商工ローン問題　保証契約をめぐる社会的なできごととしては，いわゆる商工ローン問題がある。中小の自営事業者などに対して高利で融資を行ういわゆる「商工ローン」においては，物的担保が要求されない代わりに，保証人が求められる。この際，融資の対象となる事業と関係の希薄な親族や友人・知人が保証人とされたり，また，十分な説明をせずに根保証契約がなされることが多い。この保証契約をめぐってはさまざまなトラブルが生じ，1990年代末にマ

1） 淡路378-382頁。
2） 平井303-304頁。
3） 星野Ⅲ175頁，平井305頁。

ス・メディアでも盛んに取り上げられた。その結果として，1999年には貸金業規制法の改正が行われ，保証人に対する書面交付義務などが強化されるに至った。この前後から，下級審には保証契約の効力が争われる例も現れるようになった（ほとんどの裁判例においては保証人の責任が否定ないし制限されているが，契約の不成立・錯誤・信義則など，結論を導く法律構成は一様ではない）。

2 保証人の地位

(1) 義　務

保証人は主たる債務者が債務の履行をしない場合に，これを履行する義務を負っている（446条1項）。

保証人が負う債務の内容は主たる債務と同一であると解されている。おおまかに考えるならばその通りであるが，細かく考えるといくつかの問題がある。三つの問題を取り上げておく。

第一に，主たる債務が不代替的な債務である場合（作為債務の場合），厳密に言えば「同一の債務」を保証人が負うことは不可能である。この場合には，保証債務は成立しないと考える余地もあるが，保証人が付された趣旨から言って，主債務者自身による履行でなくともよいと考えられる場合には，保証債務は成立すると解しうる。なお，主債務は金銭債務であることが多いので，この点は実際にはあまり問題にならない。

第二に，金銭債務の場合には，保証債務は利息・違約金などを含むものと解される（447条1項）。もっとも，これと異なる定めをすることも可能であり，保証債務の対象から利息・違約金を除くのはもちろん，逆に，主債務には付いていない違約金の定めを保証債務についてのみ行うことも可能である（447条2項）。

第三に，主債務そのものだけではなく，（主債務発生の原因であった）契約が解除された場合の損害賠償義務や原状回復義務も保証の対象となるかという問題がある。この点に関しては，かつては主債務との同一性の有無という基準で考える見解が有力であったが，今日では，当事者の意思解釈による考え方が支配的になっている。判例もこの考え方に立ち，損害賠償義務だけでなく（これが保証の対象となることには以前から異論がなかった），原状回復義務も保証の対象となるとしている（最大判昭40・6・30民集19-4-1143［Ⅱ22］〈119〉）。

以上のように，当事者の意思に基づく微調整はなされるが，主債務を担保するという保証債務の性質からして，主債務よりも重い保証債務は主債務と同じ程度にまで軽減されることとされている（448条）。主債務が1000万円であるのに，保証債務の債務額を2000万円と定めても，1000万円を超える部分は無効とされてしまうわけである（清算義務と共通の考え方を見いだすことができる）。

民法448条と447条2項・449条の関係　保証債務を主債務の限度に縮減する448条は，保証債務の付従性と親和的な規定である。これに対して，保証債務のみに違約金などを付しうるとする447条2項，主債務が制限能力を理由に取り消すことができることを知りつつ保証がなされたときには，独立の債務負担がなされたものと推定する449条は，「保証」が主債務に対して独立性を有する場合があることを示している。両者の間には緊張・矛盾があるように見えるが，さしあたりは，前者が原則であるのに対して，後者が例外的に認められる場合があると解すればよかろう。

(2) 抗　弁

保証人は債権者の履行請求に対して，次の2種の抗弁を主張することができる[1]。

第一は，主たる債務の不存在を理由とする抗弁である（付従性に基づく抗弁）。一口に不存在といってもさまざまな場合が考えられる。一つは，主たる債務の不成立・無効・取消し・解除の場合である。ただし，制限能力者の債務をそれと知りつつ保証したという場合には，独立の債務を負ったものと解される（449条）。結果として，この場合には制限能力は抗弁事由とならないのと同じことになる。もう一つは，債務の消滅の場合である。主債務者による弁済や相殺はもちろん抗弁事由になるが，相殺については，債権法改正

1）　平井310-312頁に，各種の抗弁が整理されている。

前には主債務者ではなく保証人が，主債務者が債権者に対して有する債権による相殺の意思表示を行うこともできるとされていた（旧457条2項）。新法では，保証人は主債務者が「主張することができる抗弁」を対抗できると改める（新457条2項）とともに，主債務者が相殺権等の抗弁を主張しない場合には，保証人は債権者に対して債務の履行を拒絶しうるとした（新457条3項）。相殺できるような債権を主債務者が有しているならば，まず相殺がなされるべきであるという考え方を維持しつつ，主債務者の権利行使への介入の度合いを下げる考え方を明文化したということだろう。また，主債務の時効消滅も抗弁事由となる。ただし，債権者としては主債務者に対して時効を完成猶予・更新すれば，保証人についてもその効力は及ぶ（457条1項）。

第二に，保証人に固有の抗弁も認められている。催告の抗弁，検索の抗弁と呼ばれる二つの抗弁がそれである。いずれもまず債務者を相手にせよという抗弁であり，保証債務は主債務が不履行の場合に備えたものであるという性質によるものである（補充性に基づく抗弁）。**催告の抗弁**とは，保証人にではなく主債務者にまず請求せよという抗弁である（452条）。そして，**検索の抗弁**とは，主債務者への請求がなされた後であっても，主債務者に資力がありかつ執行が容易である場合には，まず主債務者に対して強制執行を行うことを求める抗弁である（453条）。これらの二つの抗弁にもかかわらず，主債務者に対する催告・執行を怠った場合には，直ちに催告・執行を行わなかったことにより主債務者から弁済を得られなくなった分については，保証債務は消滅する（455条）。

(3) 求償権

保証人が債権者に対して弁済を行った場合には，主債務者に対して**求償**を行うことができる。特に規定がなくとも，主債務者の委託を受けた保証人に関しては委託契約に基づいて（委任の場合の費用償還請求権にあたる），委託を受けない保証人に関しては――委託を受けずに保証人X・債権者Y間の合意のみで保証人となることも理論上は可能――事務管理により，それぞれ求償は可能なはずである。しかし，法律関係を明確にすべく，民法はそれぞれの場合について特別の規定を設けている（459条・462条）。なお，委託を受けた保証人であっても求償権を保全するには，債務者に対して弁済をする旨の通知をあらかじめすることが必要である（新463条）。二重払を避ける趣旨である。

委託を受けた保証人は，一定の場合には保証債務履行前に予め求償権を行使できる（460条），主債務者もまた弁済をした旨の通知をすることを要する（463条2項），求償権の範囲につき制約を受けない（462条）という点で，委託を受けない保証人に比べて有利な地位を有する（なお，債権法改正により，委託を受けた保証人が弁済期前に弁済した場合の求償権の規定が新459条の2として新設され，改正前462条に対応する新462条はこれを準用しているが，実質に変化は生じていない）。

求償に関しては，さまざまな難しい問題が残されているが，それらについては，Ⅲで改めて扱うことにして，一般的な説明は以上で終えることにする。

保証人に対する情報提供義務〔債権法改正〕　新465条の10は，「事業のために負担する債務」を主債務とする保証等を法人以外の者に委託する際に，主債務者は委託を受ける者に対して一定の情報を提供する義務を負わせている。情報提供義務違反により保証がなされ，かつ債権者がそのことを知っていたか知ることができた場合には，保証人は保証契約を取り消すことができる。第三者詐欺（96条2項）に似た規律であるが，債権者本人による情報提供義務違反は問題にされていない点に留意する必要がある。もっとも，主たる債務の履行状況や債務者が期限の利益を喪失した場合には，債権者に情報提供義務が課されている（新458条の2・新458条の3）。また，債権者から委託を受けた者については，委託契約に基づく情報提供義務が課される余地があるだろう。

保証と時効中断　保証については，時効中断（債権法改正後は，時効の完成猶予・更新）に関する判例がいくつか現れている。主債務者が破産して免責決定を受けた場合，免責決定の効力の及ぶ債務の保証人は，その債務につき時効を援用できない（最判平11・11・9民集53-8-1403）。主債務につきもはや権利を行使できる時が観念できなくなっているからとされている。保証人の主債務者に対する求償権の消滅時効中断事由は共同保証人間の消滅時効を中断しない（最判平27・11・19民集69-7-1988）。共同保証人間の求償権は主債務者に対する求償権を担保するものではないからとされている。また，貸金請求の支払督促は同一当事者間の保証契約に基づく保証債務の履行請求権の時効を中断しない（最判平29・3・13判時2340-68）。（この事案においては連帯保証の趣旨で貸金債務の弁済の公正証書が作成されたようであるが）二つの法律関係は別個の権利であるからとされている。それぞれ別々の問題の応用問題として現れているものであり，一括して論ずる必然性はないが，保証をめぐって消滅時効の中断（債権法改正後は時効の完成猶予・更新）が争われることが少なくないことを紛争のパターンとともに示す意味で，ここにまとめておく。

Ⅱ　特殊な保証

1　根保証

一般の保証は，1個の債務を担保するために行われる。しかし，一定の範囲に属する不特定の債務を担保するための保証も可能である。これが**根保証**である。「根」という言葉が示すように，「根抵当」と同様に，被担保債権が流動するわけである。これは，継続的取引において生ずる債務を保証するために行われる信用保証と，賃借人・労働者の賃料債務・損害賠償債務を保証するための保証とに分けられる。なお，継続的保証とか身元保証という用語が用いられることもあるが，用語の相互関係は次の通りである（**図表10/11-2**）。

図表10/11-2　根保証の諸類型

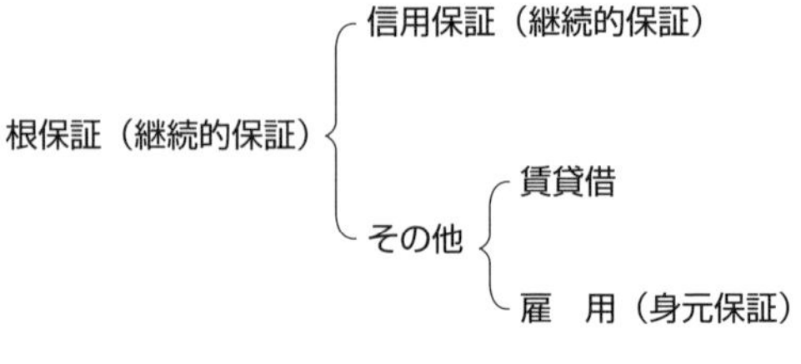

- 根保証（継続的保証）
  - 信用保証（継続的保証）
  - その他
    - 賃貸借
    - 雇　用（身元保証）

根保証の場合，一般の保証の場合にも増して，保証人の地位は不安定なものとなる。とりわけ，信用保証の場合には額が大きくなる可能性がある，身元保証の場合には人的関係に基づいて保証人となっていることが多いといった事情があるため，問題は大きい。そこで，判例や特別法により次のような措置が講じられている。

まず，**信用保証**に関しては，判例は，限度額・保証期間の定めがなくとも，取引通念による制約があると解している。さらに，期間の定めの有無にかかわらず，主たる債務者の資産の悪化，度重なる不履行による信頼関係の喪失などがあった場合には，事情変更による解約権を認めている（最判昭39・12・18民集18-10-2179［Ⅱ23］〈124〉）。債権者としてはこのような状態にある場合にこそ保証人を当てにするわけだから，事情変更による解除権を認めるというのは，最もひどい状況では，債権者は保証人を当てにすべきではない，つまり，債務者との取引自体をやめるべきであるということになる。

次に，**身元保証**に関しては，1933年に「身元保証ニ関スル法律」（身元保証法）が制定されている。これによって，期間に最長5年の制限が加えられ（身元保証1条・2条），保証人に解約権が保障されるとともに（身元保証4条），保証人の負う責任や額の決定につき裁判所に広い裁量権が認められている（身元保証5条）。なお，同法5条は，契約内容に関して裁判官に広範な規制権限を認めるものであり，契約法の基礎理論から見て注目に値するものである。さらに，判例は，身元保証債務の相続性を否定している（大判昭18・9・10民集22-948）。

個人根保証と個人貸金等根保証　2004年改正により，民法典には「貸金等根保証契約」に関する4ヶ条が追加された。「貸金等根保証契約」とは，「一定の範囲に属する不特定の債務」を担保する保証契約（「根保証契約」）であり，「その債務の範囲に金銭の貸渡し又は手形の割引を受けることによって負担する債務」（「貸金等債務」）が含まれるものを指していた（旧465条の2第1項）。貸金等債務が含まれていればよく，これとともに他の債務が当該根保証の被担保債権になっていてもよい。貸金等根保証に関しては，①極度額の定めを置くことが効力要件とされ（旧465条の2第2項），②元本確定期日を定める場合には契約締結日から5年を経過する日までの日とすることが必要とされ（5年を経過する日よりも後の日を定めた場合にはその定めは無効），元本確定期日の定めがない場合（期日の定めが無効の場合を含む）には契約締結日から3年を経過する日を期日とすることとされた（465条の3第1項2項）。また，元本確定期日は当事者の合意によって変更することも可能だが，変更日から5年を経過する日よりも後の日を定めた場合には，当該変更は原則として無効となる（465条の3第3項本文。ただし書は例外を定めている）。

さらに，2017年改正（債権法改正）により，以上の規律のうち①については貸金等債務を含まない根保証契約一般に拡張された。ただし，次に述べるように（2004年の改正時からすでに）保護の対象は個人保証人に限られることから「個人根保証契約」と呼ばれることになった（新465条の2第1項）。あわせて，従来の貸金等根保証契約は，「個人貸金等根保証契約」と改称された（新465条の3第1項）。

なお，前述のように（⇒I *1*(2)），根保証に限らずすべての保証契約が要式契約とされたが（446条2項），貸根保証の場合には極度額につき，個人貸金等根保証の場合には元本確定期日に関しても書面に記載しなければ無効とされる（465条の2第3項・465条の3第4項）。こうした規定が置かれたのは，自然人たる根保証人を保護するためであり，「保証人が法人でないもの」に限られている（465条の2第1項）。ただし，保証人が法人であっても保証人の主債務者に対する求償権についての保証人が自然人である場合には，この自然人たる保証人に一定の保護が与えられていることに注意する必要がある（465条の5参照）。債権法改正により，これらの規定にも細かな修正が加えられているが説明は省略する。

「事業のために負担した貸金等債務」に関する特則〔債権法改正〕 債権法改正によって，個人根保証契約のうち「事業のために負担した貸金等債務」にかかるものの成立には公正証書の作成を要するとされたが（新465条の6），これには適用除外が設けられている（新465条の9）。ここには，主債務者が法人の場合における理事等（1号）や議決権の過半数を有する株主等（2号）に加えて，主債務者（法人を除く）と「共同して事業を行う者」と主債務者が行う「事業に現に従事している主たる債務者の配偶者」（3号）が加えられている。このうち最後のカテゴリーについては，配偶者であることを理由にこのような規律がなされることに対して強い批判がなされた。この規律は，配偶者については「事業に現に従事している」場合には，他のカテゴリーに属する者と同視しうるという一般的な推測に立脚すると解するほかないが，そうであれば，この推測が妥当でない場合には配偶者に責任を問うことはできないと解することになろう。

根保証と根抵当の対比 判例は，根保証の被保証債権の譲受人は，当該譲渡が元本確定期日前になされていても，別段の合意がない限り保証人に対して保証債務の履行を求めることができるとしている（最判平24・12・14民集66-12-3559［Ⅱ24］〈126〉）。これに対して，根抵当の場合には，元本確定前に被担保債権を譲り受けた者は，根抵当権を行使することができないとされている（398条の7第1項）。根抵当の場合には元本確定と切り離した形で実行することはできないが，根保証の場合には元本確定とは別に保証債務の履行を求めることは可能であるために，こうした規律が可能になる。判例はこの結論を当事者の意思解釈から導いたが，これには異論もある。

2 連帯保証

主たる債務者と保証人との間に連帯の関係がある保証を**連帯保証**という。この場合には，保証人は，催告の抗弁，検索の抗弁を有さない（454条）。また，この場合には，連帯債務に関する規定（債権法改正によりその内容が改められているが，後述する）が準用されることとされている（458条）。実際上意味があるのは，連帯保証人に対する時効中断の効力が主債務者にも及ぶという点であった（旧458条→旧434条）。新法では，この点の規律は改められたが（旧434条は削除），特約により従前と同様の効果を享受することは可能である（新458条→新441条ただし書）。連帯債務に関する新法の考え方に関しては，後述する（⇒**第2節Ⅰ 1 (1)**）。

催告・検索の抗弁がないのは債権者にとっては便利なことなので，実際の取引では連帯保証が好まれ，単純保証はほとんど用いられない。しかし，どちらの保証であるか不明確な場合には，保証契約の成立についてと同様，保証人に有利な解釈，すなわち，単純保証とする解釈をとるべきだろう[1]。

保証人保護の全体像――個人根保証・貸金等根保証・事業保証　2004年改正と2017年改正（債権法改正）によって導入された保証人保護の全体像を示しておこう（**図表10/11-3**）。2004年改正の時点では，保証一般に関する規定（446条2項。左図のⅠ）と貸金等根保証に関する規定（465条の2～465条の5。左図のⅡ）による二重の保護がなされていたが，2017年改正によって，保護の

1） 平井320-321頁，332頁。

仕組みは複雑化することになった。すなわち，保証一般に関する規定（446条2項。右図のⅠ）は従前のままだが，一方で，貸金等根保証に関する規定は，個人根保証一般に関するもの（新465条の2。右図のⅡ′）と個人貸金等根保証に関するもの（新465条の3～465条の5。右図のⅡ）とに分けられた。言いかえれば，従前のⅡの規律の一部の適用範囲が拡張されたことになる（右図の左矢印）。他方，「事業に係る債務についての保証契約」（以下，事業保証と略称する）に関する規定（新465条の6～465条の10。右図のⅢ）が新設された。新設規定は「主たる債務の範囲に事業のために負担する貸金等債務が含まれる根保証契約」だけでなく「事業のために負担した貸金等債務を主たる債務とする保証契約」にも適用される。言いかえれば，従前のⅡのうち事業債務にあたるものにつきより手厚い保護が講じられたが，この保護は根保証ではない保証一般（ただし，個人保証であり，貸金等保証・事業保証ではある）にも及ぶものとされたのである（右図の右矢印）。なお，新法が個人根保証の概念をより明確に打ち出したことにより（第2目「個人根保証契約」という表題や第3目中の法人に関する適用除外を定める465条の6第3項，465条の8第2項，465条の10第3項），個人保証一般に関する保護規定を設ける可能性も浮上したと言える（右図のⅣ）。

図表 10/11-3 保証人保護の拡張

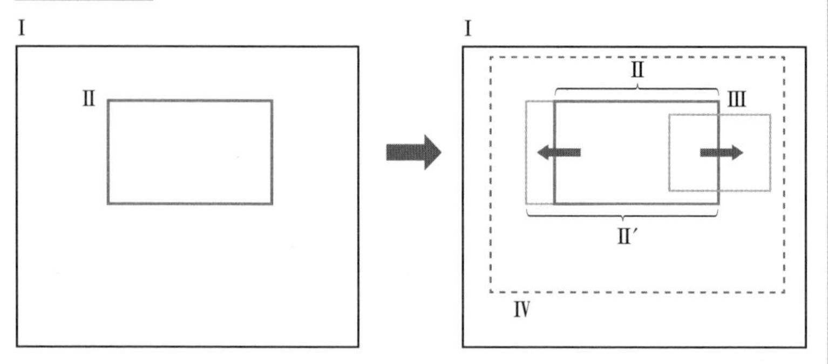

Ⅰ＝保証一般　Ⅱ＝貸金等根保証(旧)／個人貸金等根保証(新)　Ⅱ′＝個人根保証
Ⅲ＝事業保証　Ⅳ＝個人保証

3 共同保証

保証に関しては，債務者が複数の場合，保証人が複数の場合が考えられる。前者については説明を省略し，後者の場合（**共同保証**という）についてのみ一言触れておく。共同保証の場合には，給付が不可分でなく，また，保証人間で全額弁済の特約がなければ，各保証人は平等の割合で分割された債務についてのみ弁済の責任を負う（456条）。これを「**分別の利益**」と呼んでいる。

分別の利益がない場合には，全額を弁済した共同保証人は他の共同保証人に対して求償することができる（465条1項→442条）。また，分別の利益があるのに自己の弁済すべき分（「**負担部分**」という）を超えて弁済した共同保証人は委託を受けない保証人と同様のルールに従って他の共同保証人に求償することができる（465条2項→462条）。

Ⅲ 求償と代位[1)]――弁済による代位・再説

1 序――問題状況

「**弁済による代位**」に関しては，その基本的な仕組みについては「弁済」のところで説明した（⇒本シリーズ債権編）。本書においても，共同抵当に関する特殊な問題は「抵当権」のところで（⇒**第*1*章第*2*節第3**〔UNIT 5〕Ⅰ**2**(3)），すでに説明済みである。ここで，さらに代位の問題を取り上げるのは，この問題をめぐる最近の議論は保証との関連で展開されており，保証との関連で説明すべきことがあるからである。具体的な問題については，すぐ後に触れることにして，はじめに問題状況を理解するための予備知識として，二つの点に簡単に触れておきたい。

第一に，保証との関連で，「弁済による代位」が議論されるようになった背景には，**信用保証協会**という組織が存在することを知っておくとよい。信用保証協会は，事業として信用保証を行う団体であるが（中小企業金融政策の一環である），このような保証を個人保証に対して**機関保証**と呼んでいる（さらに「信用協会保証」という端的な呼称もある）。個人保証の場合には，保証人は一般には主債務者の側の人間であり，債権者に対して弱い立場に立っている。しかし，機関保証の場合には，主債務者とは独立した組織が登場するわけで，自己の利益を守るための工夫が展開される。実際のところ，信用保証

1) 山田誠一「求償と代位」民商法雑誌107巻2号（1992）。

協会によって，保証契約にさまざまな特約が挿入され，その効果が訴訟で争われたことが，この問題の発展のきっかけとなった。

第二に，最近提起された新たな問題の多くは，民法にははっきりとした規定がなく，学説も十分に議論をしていない問題であったことにも注意を要する。そのような問題につき，最高裁はかなり積極的に判例法の形成に乗り出した。それゆえ，これからの説明の主要な部分は，判例を基礎としたものであることを確認しておきたい。

具体的な問題はいろいろあるが，便宜上，「代位権者と債務者・債権者の関係」と「代位権者相互の関係」に分けて，説明したい（図表 10/11-4。ここでいう「代位権者」は「代位すべき者」という意味であるが，先に述べたように「担保提供者」と言いかえることもできる）。なお，紙幅の関係で細部には立ち入らない。

図表 10/11-4　求償と代位（当事者の法律関係）

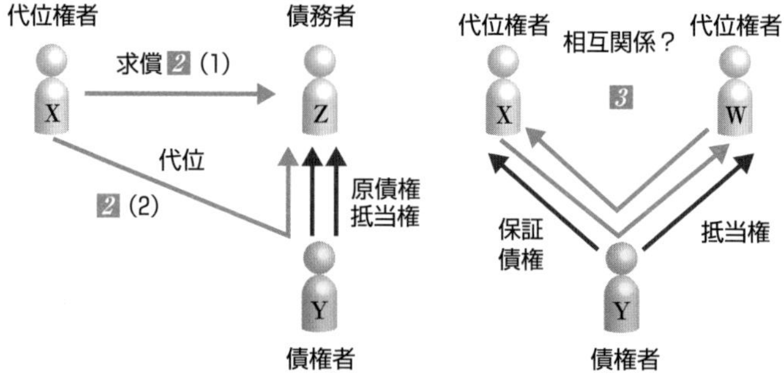

＊「2 (1)」「2 (2)」「3」は，以下で説明のなされる項目番号を表す

2　代位権者と債務者・債権者の関係

(1)　債務者との関係

代位権者と債務者との関係については，二つの問題がある。

◆ 求償の範囲

代位の前提としては，まず求償権の存在を考えなければならない。代位権者（代位すべき者）の属性に応じて求償権の内容を定める規定があることが多いが，たとえば，委託を受けた保証人の場合には，すでに説明した459条がそれの規定である。そして，459条2項によって準用される442条2項により求償の範囲が定められている。しかし，442条2項は，利率として法定利率を定めているので，信用協会はこれと異なる定めをし，あわせて違約金を定めている（後記の「信用保証委託契約書例（抄）」第7条参照）。求償権の範囲に関するこの特約の効力が争われたのが，最判昭59・5・29民集38-7-885［Ⅱ 36］〈171〉である（このケースでは，利息11%，違約金18.25%とされていた。⇒本シリーズ債権編）。最高裁は，442条2項は任意規定であり特約は有効であると判示したが，あわせて，代位の範囲は原債権の範囲を超えないので，特約が第三者を害することはないとしている。学説の多くもこの考え方を支持している。

◆ **事前求償権**　債務者との関係では，もう一つ，**事前求償権**に関する問題がある（なお，信用保証協会は，460条所定の場合以外にも事前求償権を行使しうるとする特約を用いている。後記の「信用保証委託契約書例（抄）」第5条を参照）。保証人が有する事前求償権の法的性質（**事後求償権**と同じものか別のものか――時効に影響する）という問題もあるが，ここでは，保証人ではなく物上保証人に事前求償権は認められないかという問題を取り上げておく。判例はこれを否定している（最判平2・12・18民集44-9-1686〈121〉）。抵当権の場合には実行してみないと額がはっきりしないではないかという実際上の問題もあるが，物上保証人の場合には委託を受けていないので現に実行されないと求償権が発生しないという理論上の理由が重視されている。ただし，学説には，委託はあると解するなどして，判例に反対するものも少なくない。

(2) 債権者との関係

次に，代位権者と債権者の関係である。ここでも二つの問題を取り上げておく。

◆ **一部代位**　債権の一部について代位弁済がなされた場合には，弁済者はその割合に応じて代位ができる（502条）。ただし，代位者の権利の行使方法や内容には問題がある。かつての判例は代位者による単独での抵当権の行使を認めていたが（大決昭6・4・7民集10-535〈174〉），その後，学説においては，行使は共同で行われなければならない，

信用保証委託契約書例（抄）

○○○信用保証協会 殿

委託者	本社または住所	
	法人名	フリガナ
	氏名または代表者名	フリガナ　印

連帯保証人	住所	
	氏名	フリガナ　印
連帯保証人	住所	
	氏名	フリガナ　印
連帯保証人	住所	
	氏名	フリガナ　印

貴協会に信用保証協会法第20条に基づく信用保証を委託するについて，委託者および保証人は，次の各条項を確約します。

なお，本契約は貴協会が保証を承諾し，金融機関に信用保証書を交付した日をもって成立するものとします。

［借入要項］

金融機関名	（　　支店）
借入形式（該当項目を○で囲んでください）	1 証書貸付　2 手形貸付（イ 個別　ロ 極度）　3 手形割引（イ 個別　ロ 極度）　4 当座貸越（イ 貸付専用型　ロ 事業者カードローン） 貴協会の審査により借入形式が変更された場合は，その借入形式を承認します。
借入金額	金□□□□□□□□□円（借入形式が2・3のロ，および4の場合は極度額） 貴協会の審査により減額決定された場合は，その決定された金額を借入金額といたします。

（契約条項裏面）

（信用保証の委託）

第1条　表記の借入要項による借入（これによって生ずる債務を以下「借入金債務」といいます。）をするにあたって，貴協会に信用保証（以下「保証」といいます。）を委託します。

2　前項の保証は，貴協会と金融機関との間の取り決めに基づいて行われるものとします。

3　表記の借入要項による借入に対する保証は，借入金債務の全部を保証する場合と，一定割合を保証（以下「割合保証」といいます。）する場合があり，割合保証の場合の保証割合は信用保証書に記載されたとおりとします。

4　委託者および保証人は，この契約の締結にあたり必要となる法律上の手続を経ていることを表明し，これを保証します。

（中略）

（求償権の事前行使）

第5条　委託者または保証人について，次の各号の事由が一つでも生じたときは，貴協会は第6条の代位弁済前に求償権を行使することができるものとします。

(1) 仮差押，強制執行もしくは担保権の実行としての競売の申立を受けたとき，仮登記担保権の実行通知が到達したとき，破産，民事再生手続開始もしくは会社更生手続開始の申立があったとき，または清算に入ったとき。

(2) 公租公課につき差押または保全差押を受けたとき。

(3) 手形交換所の取引停止処分を受けたとき。

(4) 担保物件が滅失したとき。

(5) 借入金債務の一部でも履行を遅滞したとき。

(6) 住所変更の届出を怠るなど委託者または保証人の責めに帰すべき事由によって，貴協会に委託者または保証人の所在が不明となったとき。

(7) 前各号のほか求償権の保全を必要とする相当の事由が生じたとき。

2　貴協会が前項により求償権を行使する場合には，民法第461条に基づく抗弁権を主張しません。借入金債務または第7条の償還債務について担保がある場合にも同様とします。

（代位弁済）

第6条　委託者が借入金債務の全部または一部の履行を遅滞したため，貴協会が金融機関から保証債務の履行を求められたときは，委託者および保証人に対して，通知・催告をしなくても弁済することができるものとします。

2　貴協会の前項の弁済によって金融機関に代位する権利の行使に関しては，委託者が金融機関との間に締結した契約のほか，なおこの契約の各条項が適用されるものとします。

(求償権の範囲)
第7条 貴協会が前条第1項の弁済をしたときは，貴協会に対して，その弁済額およびこれに対する弁済の日の翌日以後の年○パーセントの割合による損害金ならびに避けることのできなかった費用その他の損害を償還します。この場合の損害金の計算方法は，年365日の日割計算とします。

(中略)

(連帯保証人)
第13条 保証人は，この契約の各条項を承認のうえ，第7条の償還債務，第2条の信用保証料債務および延滞保証料債務ならびに前条の費用償還債務の全額につき，委託者と連帯して履行の責を負います。
2 貴協会に差し入れた担保または保証人につき，貴協会が変更・解除・放棄・返還等をしても，保証人の責任には変動を生じないものとします。
3 金融機関から貴協会が譲渡を受けた担保または貴協会に移転した担保についても，前項に準じて取り扱うことに同意します。
4 保証人が金融機関に対して貴協会の保証にかかる借入金債務につき保証をし，または担保の提供をしたときは，貴協会と保証人との間における求償および代位の関係を次のとおりとします。
(1) 貴協会が第6条第1項の弁済をしたときは，保証人は貴協会に対して第7条の求償権全額を償還します。
(2) 貴協会が第6条第1項の弁済をしたときは，保証人が当該借入金債務につき金融機関に提供した担保の全部について貴協会が金融機関に代位し，第7条の求償権の範囲内で金融機関の有していた一切の権利を行うことができます。
(3) 保証人が金融機関に対する自己の保証債務の弁済をしたとき，または保証人が金融機関に提供した担保の実行がなされたときは，保証人は，貴協会に対して何らの求償をしません。
5 保証人が第1項の保証債務を弁済した場合であっても，貴協会の同意がなければ代位によって貴協会から取得した権利を行使しません。もし，貴協会からの請求があれば，その権利または順位を貴協会に無償で譲渡します。

(以下，略)

また，債権者と代位者とでは債権者がまず配当を受けるという考え方が強くなった。その背後には，代位権は，債権者が満足を受けたことを前提とする権利なのだから，債権者の利益を損なってはならないという考え方があると言える。最高裁の態度は必ずしもはっきりとしないので，銀行実務では**特約**により**一部代位**を排除してきた。その後，債権法改正においては学説の考え方の明文化がはかられている（502条1項3項）。

◆ 担保保存義務 代位をなすべき者の利益を保護するため，債権者には**担保保存義務**が課されている。たとえば，債権者が保証人の資力が十分だと考えて，抵当権を放棄したとすると，債務者に代わって弁済した保証人は，求償権を確保する手段となりえた抵当権を失うことになる。このような場合には，担保が保存されていれば代位者が免れ得た損失分については，代位者（ここでは保証人）は責任を免れることができる（504条1項）。

担保保存義務に関しては，銀行実務では，これを免除する特約が行われている。この特約をめぐっては以下のような議論が展開されている。

第一に，特約自体の効力が問題となった。この点について古い判例はこれを有効としていたが，その後の学説においては，特約の効力を制限する見解が次第に有力になってきた。そして，判例も，信義則違反・権利濫用により特約の効力が否定されるべき場合があると判示するに至った（最判平2・4・12金法1255-6）。このような考え方の背後には，504条の「故意又は過失」に着目して特約を免責条項としてとらえ，免責条項としての効力を考えていくという発想がある（一般に，軽過失免責は認めるが故意・重過失免責は認められないという考え方が有力である）。

第二に，特約の原則的有効性を前提に，第三者との関係が問題とされた。まず，最判平3・9・3民集45-7-1121は，第三取得者からの譲受人につき，担保保存義務違反の効果として（代位者が享受する）「免責」は確定的に発生するので，譲受人はこれを承継する，すなわち，「免責」の主張が可能であるとした（**図表10/11-5**左図）。これを受けて，最判平7・6・23民集49-6-1737［Ⅱ 37］〈176〉は，物上保証人からの譲受人につき，担保保存義務免除特約がなされ，それが有効である場合には，特約の当事者である物上保証人に「免責」の効果は発生しないので（免除特約があるので担保保存義務が発生せず，その効果である「免責」が生じない），譲受人もまた「免責」の効果を享受することができないとした（**図表10/11-5**右図）。なお，債権法改正においては，504条1項後段が設けられて前掲平成3年判決の考え方が明文化されるとともに，同条2項により，特約がなくても取引上の社会通念に照らして合理的な理由があると認められれば，免責は生じないとされた。

図表 10/11-5　担保保存義務の免除特約（判例の事案）

代位権者　担保保存義務　債権者　代位権者　免除特約　債権者

譲受人＝「免責」　譲受人＝「免責」なし

3　代位権者相互の関係

(1)　代位割合に関するルール

債務者に代わって債務を弁済し，その結果として，債権者に代位すべき者が複数ある場合，この複数の代位権者相互の関係は，どのように調整すればよいか。これが以下で扱う問題である。まず，どのような問題が生ずるかを確認しよう。たとえば，保証人 X，債権者 Y（さらに債務者 Z）で，このほかに物上保証人 W がいるという場合を考えてみよう（図表 10/11-6-1）。

図表 10/11-6-1　代位者相互の関係（その 1）

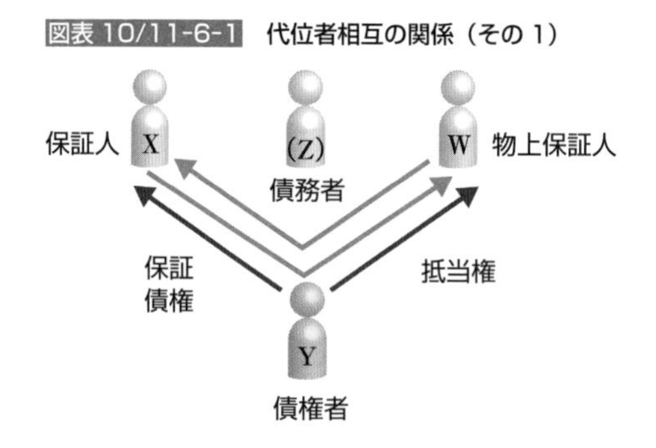

このケースで X が弁済をしたとすると，X は Z に対する求償権を獲得し，

これを確保するために債権者Yに代位することができる（499条）。その結果，Yの有する担保，すなわち，Wが負担する抵当権を実行することができることになる。同様に，Wが弁済した場合には，WはYに代位することができ，Yの有する担保，すなわち，Xが負担する保証債務の履行を請求することができることになる。仮に，Xが弁済したとしよう。Xは弁済による代位によりWに対する抵当権を実行する。すると，今度は，Wが求償権を得ることになるので（Yの債権が行使されたことになるので），Yに代位してXに対して保証債務の履行を請求する。こうして，振り出しに戻ってしまい，同じことが循環することになる。

そこで，この循環を断ち切るためのルールが設けられている。新501条3項（旧501条と基本的には同じ考え方に立つ）がそれである（保証人間については465条→442条）。まず，一覧表を示した後に，簡単な解説を加えよう（**図表10/11-6-2**）。

図表10/11-6-2 代位者相互の関係（その2）

弁済者＼相手方	保　証　人	物上保証人	第三取得者
保　証　人	→ 465条	④頭数割（4号）	①全額代位（規定なし）
物上保証人	④頭数割（4号）	③価格割（3号）	①全額代位（規定なし）
第三取得者	②代位せず（1号）	②代位せず（1号）	③価格割（2号）

＊（　）内は501条3項の各号を示す。

代位権者（担保提供者）として考えられるのは，以前にも触れたように，保証人，物上保証人，第三取得者である。そうなると，相互の関係としては3×3の9通りのパターンが考えられるが，501条3項はこれを4グループに処理している。

①弁済者＝保証人／相手方＝第三取得者の場合。この場合には，全額代位が可能である（旧501条1号。新501条3項では明文の規定なし。当然のことと解されるため）。第三取得者は債務者と同様の地位に立ち，保証人の代位を全面

的に受けるということである。規定はないが，弁済者＝物上保証人／相手方＝第三取得者の場合も同様と解されている。

②弁済者＝第三取得者／相手方＝保証人の場合。この場合には，代位は生じない（新501条3項1号〔旧501条2号〕）。①のタイプの裏返しである。理由も同じ。したがって，弁済者＝第三取得者／相手方＝物上保証人についても同じことになる（新501条3項1号はこれを明文化）。

③弁済者・相手方ともに第三取得者または物上保証人の場合。いずれも財産の価額に応じて代位できる（501条3項2号・3号）。

④弁済者・相手方の一方が保証人で他方が物上保証人の場合。頭数（人数）に応じて代位できる（501条3項4号本文）。ただし，物上保証人が複数ある場合には，その負担部分は価額により配分する（501条3項4号ただし書）。4号，4号ただし書の場合の計算例をあげておく（**図表10/11-7**。債務額3000万円とする）。

図表10/11-7　保証人 対 物上保証人（一方が複数の場合）の場合

債務額3000万

物上保証人1名，保証人2名の場合（4号）。
頭割なので各自1000万。
誰かが全額弁済すれば，ほかの者に対して1000万ずつ代位。

物上保証人2名，保証人1名の場合（4号ただし書）。
まず頭割で，保証人分1000万，物上保証人分2000万。
そして後者は不動産の価格比で配分。
（6000万，2000万の不動産ならば，3：1＝1500万，500万となる）

以上がルールだが，3点ほど補足をする。第一に，以上にいう第三取得者は債務者からの第三取得者に限られると解する見解が有力だということ。物上保証人からの第三取得者については物上保証人と同視すべきだとされている（新501条3項5号はこれを明文化）。第二に，共同抵当がからむ場合の関係については，392条と501条の適用関係につき問題が生ずるということ（抵当権のところで説明した。⇒**第*1*章第*2*節第3〔UNIT 5〕Ⅰ2(3)**）。第三に，保証人と物上保証人との資格をあわせ持つ者が存在する場合にどうするかという問題が生じているということ。この最後の問題に関しては，最判昭 61・11・27 民集 40-7-1205〈173〉により，二重資格者を 1 人として数え，かつ，頭割とする（つまり保証人 1 人として数える）という計算方法が示されている。これには理論的根拠が希薄であるとの批判もなされているが，理論上の正しさよりも実務上の簡便さが重視されるべきであり，判例が固まればそれでよいという見方が有力である。

(2) 代位割合に関する特約

さて，以上のルールを特約によって変更することは可能だろうか（**図表 10/11-8**）。たとえば，Y が Z に対して有する 1 億円の債権を担保するために，X が保証人になるとともに，W 所有の不動産に抵当権が設定されたとしよう。法定のルールに従うならば（501 条 3 項 4 号），代位割合は頭割となり，X は全額を弁済しても，W に対しては 5000 万円分しか代位することができないことになる。そこで，信用保証協会は，物上保証人（債務者と人的な関係が深い）との間で特約を結んで，X→W の代位は全額，W→X の代位はゼロという定めをしている（164 頁以下の「信用保証委託契約書例（抄）」第 13 条 4 項を参照）。

図表 10/11-8 代位割合に関する特約

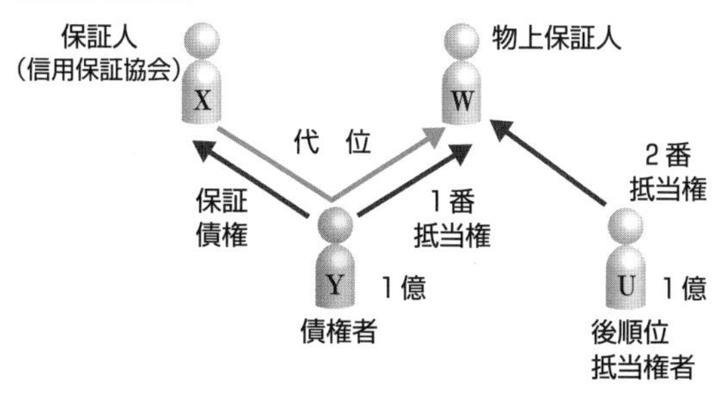

	特約	
	有 効	無 効
X	1億	5000万
U	5000万	1億

この特約は当事者間では有効であるとしても，第三者にも対抗できるものだろうか。先ほどの例で，W 所有の不動産につき後順位抵当権者 U がいたとしよう（被担保債権 1 億円，不動産の価値は 1 億 5000 万円としよう）。もし特約が有効ならば，U が回収できるのは 5000 万円だけになるが，特約が無効な

らば，Uは1億円全額を回収できることになる。つまり，特約の有効・無効はUに大きな影響を及ぼすのである。別な言い方をすると，特約によって後順位抵当権者の利益は害されるように見えるのである。

しかし，最判昭59・5・29民集38-7-885［Ⅱ36］〈171〉は，旧501条5号（新501条3項4号）は補充規定にすぎず，保証人は特約の効力を第三者に対しても主張しうるとした。確かに，事実の問題としてUは不利益を被るが，共同抵当に関する392条2項と違って，旧501条5号は後順位者を積極的に保護する趣旨を含むものではないというのである。さらに，この議論は，根抵当権の存在および極度額（事案は根抵当に関するものだった）は公示されており，Yがそれを超えて権利行使をすることはないのだから，後順位者としてはこの極度額の限度までの権利行使は覚悟すべきだという実質的な判断によって補強された。

これに対しては，確かに，根抵当の場合にはそのように言えるかもしれないが，普通抵当の場合を考えると，被担保債権が減ればそれに応じて抵当権の把握する部分も減少するわけだから，同様に考えることはできないのではないかという有力な批判もある。もっとも，最高裁が求償権の範囲について用いた理屈（前に触れたように，特約で求償権の範囲＝被担保債権の範囲を定めうるというのが，前掲昭和59年判決［Ⅱ36］〈171〉のもう一つの論点だった）をあてはめるならば，この場合にも，抵当権の被担保債権は減っていないと見ることもできる。しかし，これに対しては，旧501条5号は原債権（抵当権の被担保債権）によって担保される求償権の範囲を定めたと見ることもできる。そうだとすると，原債権・担保権の行使はその限度内でのみできるにとどまるので，特約でその範囲を拡張するのはおかしいということになる。そうなると，結局のところ，旧501条5号の意義を実質的にどう見るかによって判断は分かれることになる。

微妙な問題だが，一般論としては，任意規定は標準的なルールを定めており，人々はそれを前提に行動すると考えられるので，それから離れた取り決めをするには一定の合理性が必要であると言うべきだろう。もちろん，当事者間で合意によって決めたということは，当事者間での合理性を推測させるが，第三者との関係では，別途，合理性を判断する必要があるのではなかろうか。

第2節 連 帯 債 務

連帯債務に関しては，それ自体についての問題を説明する必要があるのはもちろんだが（I），関連する問題として，連帯債務の外にあるいくつかの問題に触れる必要がある（II）。

I 固有の問題

1 連帯債務の意義

(1) 連帯債務の機能

連帯債務とは，複数の債務者に対して債権者が請求できる債務であり，請求は，1人に対してなされても全員に同時または順次になされてもよいし，全部の履行を請求しても一部の履行を請求してもよいものである（436条）。以上の定義から，債務の内容は同一で（全員に同時に請求可能だから），かつ，可分（一部の履行が可能だから）でなければならない。実際には，ほとんどの場合には金銭債務ということになる。

複数の者が債権・債務を有するという場合，**分割債権・分割債務**となるというのが民法の原則である（427条）。たとえば，900万円の債務をA・B・C3人が負担するという場合，この原則に従えば，各自300万円ずつの債務を負うということになる。したがって，3人のうちの1人が弁済を怠っても，債権者は他の債務者にその者の負担額300万円を超えて請求することはできない。ところが，A・B・Cの債務が連帯債務であれば，債権者はA・B・Cの誰に対しても全額900万円の請求をすることができる（もちろん，それぞれから900万円，合計2700万円を得られるわけではない）。仮に3人のうちの1人が任意の弁済に応じない場合には，残りの2人に請求することも可能である。このように，連帯債務には債務を担保する機能がある。

しかし，固有の意味での連帯債務は，実際にはそれほど重要なものではない。理由は次の通りである。まず，第一に，人的担保としては，保証が債権者に有利であるので，これを用いることが多い（実際には，連帯保証が多い）。第二に，共同事業を営む人々が共同で債務を負担するという場合（保証のような主従の区別がない場合）もあるが，これらの場合には，組合あるいは権利能力なき社団があると見て，それらの法理により処理すべきである場合が多い。第三に，法律の規定によって連帯債務が発生するとされている場合もあるが，それらの多くは固有の意味での連帯債務ではなく，後に述べる「不真正連帯債務」（⇒Ⅱ *1*）であると解されている。以上の点は，固有の意味での共有が実は少ないのに似ている（⇒本シリーズ物権編）。実用の観点からはともかく，理論的には，連帯債務は難問を含む興味深い制度であると言うことができる。ここではその詳細には立ち入らないが，どのような問題があるのかということだけを紹介しておく。

(2)　連帯債務の性質論[1)]

問題は「**絶対的効力事由**」と呼ばれる効力が認められているところに端を発する。連帯債務者の1人に生じた事由は他の連帯債務者に影響を及ぼさないのが原則である（新441条〔旧440条〕）。そもそも，1人につき債務が成立しなくとも他の債務者の債務には影響しない（新437条〔旧433条〕）。これを「相対的効力」と呼んでいるが，改正前民法ではこの例外として，他の債務者に影響が及ぶ「絶対的効力」が認められる六つの場合が定められていた（旧434条～439条。債権法改正では三つが削られて新438条～440条のみになった）。ところが，この絶対的効力事由には性格の異なるものが含まれているのである。

このように多種多様な絶対的効力事由を何とか説明しようとして，古くから，学説は連帯債務の性質論を展開してきた。大別すると，連帯債務の根拠を債務者間の「主観的共同関係」に求める見解と「相互保証」に求める見解が提示されている[2)]。しかし，結局のところ，前者では**一体型**（債務全体に影

1)　淡路340-346頁。
2)　星野Ⅲ160頁，淡路340-344頁参照。

① 性質上当然　──→弁済（規定なし）・相殺（新439条1項〔旧436条1項〕）など
② 債権者に有利──→履行の請求
　　　　　　　　　（旧434条〔債権法改正により削除〕）
③ 債権者に不利──→更改（新438条〔旧435条〕）・
　　　　　　　　　混同（新440条〔旧438条〕）
（以上，一体型）
　　　　　　　　　相殺（新439条2項〔旧436条2項〕）
　　　　　　　　　免除（旧437条〔債権法改正により削除〕）・
　　　　　　　　　時効（旧439条〔債権法改正により削除〕）
（以上，負担部分型）

響する）の絶対的効力事由は説明しやすいのに対して，後者では**負担部分型**（負担部分についてのみ影響する）の絶対的効力事由は説明しやすいが，それぞれ逆のタイプのものは必ずしも十分に説明できない。

そこで，しばらく前から，連帯債務の規定はある特定のタイプの連帯債務を念頭に置いたものではないとする考え方が説かれるようになっている。タイプごとに適用されるべき規定とそうでない規定を分ければよいというのである。この考え方はそれ自体としては正当なものを含んでいる。民法の起草者自身も連帯債務の規定がそのままあたらないタイプのものがあることは認めていた。しかし，それでも，起草者は標準型にあてはまるものとして規定を置いたとすれば，その標準型としていかなるものを想定していたのかはなお探究されるべきである。

以上の議論は理論的なものであるが，実際上の帰結をもたらさないわけではない。それは，連帯債務の規定をセットで適用する必要はないという解釈指針を導くからである。こう考えることによって，連帯債務規定の適用に際して，目的や実体を考慮に入れて，柔軟な態度をとることが正当化されることになる（連帯債務という問題の特殊性を理由に，少なくともこの問題については戦後法学を特徴づけた利益考量論の手法が正当化される）。

絶対的効力事由の縮減　債権法改正においては，当初から絶対的効力事由の廃止が検討されていたが，最終的には請求のほか免除・時効が削除された。債権者に不利な絶対的効力事由の存置は連帯債務の担保としての機能を損なうとされてきたが，この改正によって不真正連帯債務との違いは乏しくなった。

2 連帯債務の効果

先に述べたように，固有の意味での連帯債務はなかなか生じにくい。しかし，連帯債務を負うという約定がなされれば，その効力として連帯債務の効果が生ずるのはもちろんである。連帯債務の効果について，以下，簡単に見ていくことにしよう（図表 10/11-9。連帯債務者を X_1～X_3，債権者をＹとする。債務額は総額 900 万円）。

図表 10/11-9 連帯債務（当事者の法律関係）

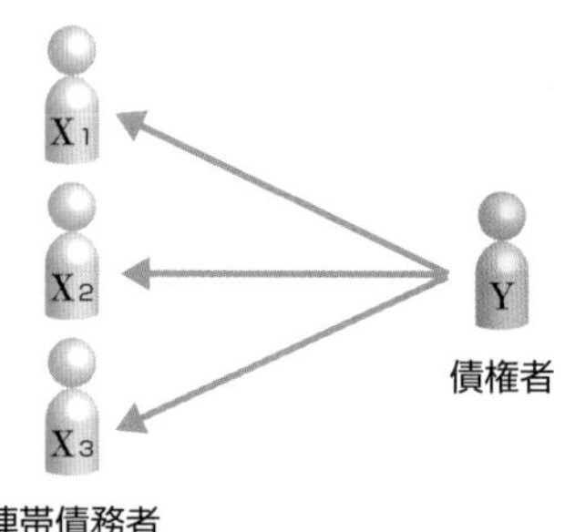

（1） 債権者＝債務者の関係

債権者＝債務者間の基本的な効果については先に述べた通りである。すなわち，Ｙは X_1～X_3 の１人または全員に全額または一部の弁済を求めることができる。連帯債務者の１人について生じた事由は他の者に影響を及ぼさないのが原則だが，弁済・代物弁済・供託により債務が消滅した場合には，その効力はすべての債務者に及ぶ。相殺についても同様だが，特に規定が設けられている（439 条１項。なお，２項も参照。その効果は旧法とはやや異なる）。

上記の原則の例外として絶対的効力事由が設けられているわけだが，これらのうち，履行の請求（旧 434 条〔債権法改正により削除〕）は時効の完成猶予・更新の効力を生じさせるので，絶対効は債権者Ｙに有利に働いていた。しかし，それ以外は，Ｙに不利になる。そこで，先ほど述べた一般的指針に従って，絶対的効力事由を個別的に外せる場合はないかどうかが検討されてきたが，債権法改正により主要な問題については一定の解決が与えられた。

相対的免除・一部免除　特に免除につき，相対的免除・一部免除という問題が論じられてきた。**相対的免除**というのは，たとえば，X_1に対しては免除するが，その効力はX_2・X_3については及ばないという免除のことである。通常，債権者Yはそう考えているのであり，そうであるならば，そのような効果を生じさせてよいというわけである。免除をするというのは，X_1には請求しないがX_2・X_3に全額を請求するという趣旨であり，X_1の負担部分を引いてX_2・X_3にも600万円しか請求しない趣旨ではなかろうというのである。**一部免除**とは，X_1に対して全額でなく，たとえば300万円を免除するという場合だが，この場合，全額免除に比例した割合で免除の効力が生ずるというのが古い判例である（負担部分300万×1/3＝100万）。しかし，先ほどの相対的免除の考え方をとるならば，この場合にもX_2・X_3には全額請求できると解することになろう。こうした問題も踏まえて，前述のように，債権法改正によって免除は絶対的効力事由から外されることとなった（旧437条削除）。

なお，以上のように，個別の絶対的効力事由を制約するというのではなく，一括して絶対的効力事由を外すことも考えられてきたが，それは「不真正連帯債務」に関する問題になるので，Ⅱ *1* で改めて説明する。

(2)　債務者相互の関係

弁済をした連帯債務者は，他の連帯債務者に対して，その負担部分に応じて求償することができる（442条1項）。負担部分は連帯債務者間の特約により決まるが，特約がなければ平等とされる。なお，先に見たように，絶対的効力事由には負担部分につき効力が生ずるものがあるので，負担部分は債権者にとっても重要な意味を持つ。それゆえ，債権者の知りえない負担部分の特約を，債権者に対抗することはできないとする見解が有力である（ただし，古い判例は知・不知を問わない）。なお，求償権の行使には通知が必要である（443条）。

連帯の免除　求償についても免除にかかわる問題がある（免除ばかりが論じられるのは，これが実際上重要だからだろう。また，民法の規定の帰結と当事者の意識にギャップがあるという事情も働いているのだろう）。まず前提問題から説明しよう。X_1が弁済をしてX_2・X_3に対して求償権を行使したが，X_2が無資力であるという場合には，X_2の負担部分はX_1とX_3とがその負担部分に応じて負担することになる（444条1項）。先ほどの設例では，300万円を2で割った150万円ずつを負担することになるので，X_1がX_3に求償できるのは450万円になる。なお，債権者Yは連帯債務者の1人（たとえばX_3）に対して「**連帯の免除**」を行うことがある。「連帯の免除」が行われると，X_3は自己の負担部分についてのみ分割債務を負うことになる。この場合，債権法改正前は，X_3がX_1と分担すべきX_2の無資力については，債権者Yが代わってこれを負担するとされていたが（旧445条），このような結果は債権者の意図に反することが多かったので，新法ではこの規定は削除された。

Ⅱ　関連する問題

1　不真正連帯債務

民法典の想定する絶対的効力事由を備えた連帯債務のほかに，絶対的効力事由のない，したがって，担保的な効力の強い連帯債務が存在するとされている。もっとも，絶対的効力がないと言っても，弁済など性質上当然のものは別である。また，絶対的効力は生じないのが原則であるとされているが，場合によっては（当事者の意思によって）絶対的効力が生じることもあるとされている（免除につき，原則を述べたものとして最判昭48・2・16民集27-1-99，例外を述べたものとして最判平10・9・10民集52-6-1494［Ⅱ21］〈118〉。もっとも，債権法改正によって，免除は絶対的効力事由ではなくなっている。⇒Ⅰ 1 (2)）。

このような連帯債務を「**不真正連帯債務**」（ドイツ法の用語）あるいは「**全部義務**」（フランス法・旧民法の用語）と呼んでいる[1)]。具体的には，たとえば，使用者責任を負う使用者と加害者の義務，共同不法行為の加害者の義務がこれにあたるものとされており，実際にもこれらが重要である（前者につき最判昭45・4・21判時595-54）。

不真正連帯債務（全部義務）の必要性　契約関係に基づく連帯債務の場合には，請求に絶対的な効力が認められても不都合はないことが多いのに対して，契約関係が存在せずコミュニケーションが困難な者たちの間に同様の効力を認

1）星野Ⅲ171頁，平井345頁は，この用語を採用する。

めるのは妥当とは言えない（もっとも，連帯債務であっても，不都合が生じることもありうる。債権法改正では，請求も絶対的効力事由から外された。⇒Ⅰ *1* (2)）。不真正連帯債務という概念が必要とされた理由の一つは，この点に求められる[1]。

なお，不真正連帯債務には**負担部分**がないので求償が生じないと言われることがあるが，必然的にそう解すべき理由はなく，実際にも，共同不法行為の加害者間では求償を認める取扱いが判例上確立している。

不真正連帯債務をめぐる問題は，実際上は不法行為との関連で論じられることが多いのでそちらに譲り（⇒本シリーズ不法行為編），ここではこの程度の説明にとどめる。

2 多数当事者の債権債務関係

民法典の体系の中では，連帯債務は「多数当事者の債権債務関係」の一種として規定されている。そこで，「多数当事者の債権債務関係」のうち連帯債務以外のものにつき，一言だけ触れておく。

多数当事者の債権債務関係は分割債権・分割債務となるのが原則であることは先ほど一言した通りである（427条）。例外としては，民法典は，連帯債務のほか，**不可分債権・不可分債務**につき規定を置いている（428条〜431条）。債権者または債務者が多数あるとき，性質上，1人の債権者が全部を行使すべきである債権，1人の債務者が全部を履行すべき債務が不可分債権・不可分債務である。

連帯債権　このほかに，理論上は連帯債権がありうる。民法典の起草者は連帯債権の可能性を承認してはいたが，実例が少ないだろうという理由で規定を置かなかった（ただし，債権法改正により規定が補われている。新432条〜新435条の2参照）。しかし，たとえば，外国で認められている夫婦連名預金——夫も妻も預金の全部または一部を単独で引き出すことができる（債権を行

1）　鈴木・債権465頁。

使することができる）――を日本でも認めるとすると，これは連帯債権であるということになるだろう[1]。

不可分債権・債務と連帯債権・債務の区別〔債権法改正〕 改正法は，債権・債務の不可分性と連帯性の関係につき，次のような整理をしている。すなわち，性質上不可分である債権・債務を不可分債権・債務と呼び（新428条・新430条），性質上可分である債権・債務で法律または合意によって連帯とされるものを連帯債権・債務と呼んでいる（新432条・新436条）。これによって，性質上可分である債務が不可分債務とされることはありえないことになる。旧民法財産編443条は「不可分〔の債権〕は……連帯に併合し又は併合せずして……之を要約することを得」とし，合意による不可分債権の存在を認めるとともに，不可分と連帯とは併存しうる別の性質であると理解していた。以後，合意による不可分が認められてきたものと思われるが，改正法はその必要はもはやないと判断したことになる。

1） 大村敦志「夫婦連名預金の法的性質」同・消費者・家族と法（東京大学出版会，1999）参照。

MAIN QUESTION

人的担保は担保か？

KEY SENTENCES

■保証とは，債務者に代わって債務を履行することを予め約束することである。

■保証契約の当事者は保証人と債権者である。

■保証契約は主たる債務を発生させる契約とは別個の契約ではあるものの，その目的は主たる債務を担保することにある。

■催告・検索の抗弁がないのは債権者にとっては便利なことなので，実際の取引では連帯保証が好まれ，単純保証はほとんど用いられない。

■「保証」のところで，さらに代位の問題を取り上げるのは，この問題をめぐる最近の議論は保証との関連で展開されており，保証との関連で説明すべきことがあるからである。

■一般論としては，任意規定は標準的なルールを定めており，人々はそれを前提に行動すると考えられるので，それから離れた取り決めをするには一定の合理性が必要であると言うべきだろう。

■連帯債務とは，複数の債務者に対して債権者が請求できる債務であり，請求は，1人に対してなされても全員に同時または順次になされてもよいし，全部の履行を請求しても一部の履行を請求してもよい。

TECHNICAL TERMS

保証　保証人　保証債務・主債務　物上保証　付従性・随伴性　催告の抗弁・検索の抗弁　求償　根保証　信用保証・身元保証　連帯保証　共同保証　分別の利益　負担部分　弁済による代位　信用保証協会　機関保証　事前求償権・事後求償権　（代位に関する）特約　一部代位　担保保存義務　連帯債務　分割債権・分割債務　絶対的効力事由　一体型・負担部分型　相対的免除・一部免除　連帯の免除　不真正連帯債務・全部義務　不可分債権・不可分債務

REFERENCES

西村信雄・身元保証の研究（有斐閣，1965）

高橋眞・求償権と代位の研究（成文堂，1996）

淡路剛久・連帯債務の研究（弘文堂，1975）

第一のものは，表題のテーマに関する代表的研究。同じ著者の『継続的保証の研究』（有斐閣，1952）も参照。第二のものは論文集。求償と代位に関しては，寺田正春「弁済者代位制度論序説（1～3）」大阪市立大学法学雑誌20巻1～3号（1973-74）が早い時期の研究。第三は，フランス法を素材とした研究だが，ドイツ法については，椿寿夫「連帯債務論序説」法学論叢62巻5号（1956）がある。

第3章 法定担保

UNIT 12 留置権・先取特権——留置権・先取特権は担保物権か？

第3章 法定担保
第1節 留置権
I 制度の趣旨
1 留置権の意義
(1) 具体例 (2) 歴 史
2 留置権の性質
II 制度の内容
1 成 立
(1) 目的物に関する要件
(2) 被担保債権に関する要件
2 効 力
(1) 留置的効力 (2) 優先弁済的効力
3 消 滅
第2節 先取特権
I 制度の趣旨
1 先取特権の意義
(1) 具体例 (2) 問題点
2 先取特権の性質
(1) 物権性の希薄さ (2) 他の担保物権との対比
II 制度の内容
1 種 類
(1) 概 観 (2) 優劣関係
2 効 力
(1) 効力一般
(2) 特殊問題——物上代位をめぐって

3 消　滅

■参照条文■　295条〜302条，303条〜308条，310条，311条，313条〜316条，319条，325条，329条〜341条，361条，533条

＊もうひとつⅡ-20，みかた2-7

（留置権の内容）
第295条　①　他人の物の占有者は，その物に関して生じた債権を有するときは，その債権の弁済を受けるまで，その物を留置することができる。ただし，その債権が弁済期にないときは，この限りでない。
②　前項の規定は，占有が不法行為によって始まった場合には，適用しない。
（先取特権の内容）
第303条　先取特権者は，この法律その他の法律の規定に従い，その債務者の財産について，他の債権者に先立って自己の債権の弁済を受ける権利を有する。
（物上代位）
第304条　①　先取特権は，その目的物の売却，賃貸，滅失又は損傷によって債務者が受けるべき金銭その他の物に対しても，行使することができる。ただし，先取特権者は，その払渡し又は引渡しの前に差押えをしなければならない。
②　債務者が先取特権の目的物につき設定した物権の対価についても，前項と同様とする。
（一般の先取特権の順位）
第329条　①　一般の先取特権が互いに競合する場合には，その優先権の順位は，第306条各号に掲げる順序に従う。
②　一般の先取特権と特別の先取特権とが競合する場合には，特別の先取特権は，一般の先取特権に優先する。ただし，共益の費用の先取特権は，その利益を受けたすべての債権者に対して優先する効力を有する。
（先取特権と第三取得者）
第333条　先取特権は，債務者がその目的である動産をその第三取得者に引き渡した後は，その動産について行使することができない。
（登記をした不動産保存又は不動産工事の先取特権）
第339条　前二条の規定に従って登記をした先取特権は，抵当権に先立って行使することができる。

本章の話題である法定担保は，優先的な債権回収を可能とするための制度である。もちろん，抵当権・質権あるいは保証のような**約定担保**もまた債権の優先的回収のために設定されるものであるのだが，**法定担保**は，ある種の債権者に法が与えた権利であるという点に特徴がある。その意味で，法定担保は法が債権に与えた保護として位置づけることができる。

もっとも，法定担保とされる留置権と先取特権の間には，共通の点もあるが，異なる点もある。それゆえ，それぞれを見る際には，法定担保あるいは担保一般に共通の性質とともに，それぞれに特有の性質に注目することが必要となる。

> **法定担保か法定担保物権か**　以下において具体的に見ていくが，留置権・先取特権は当事者の設定の合意によることなく成立し，それによって当該権利を有する債権者に一般債権者以上の保護が与えられるという意味で，法定担保であることは確かである。他方，留置権・先取特権は典型的な担保物権である抵当権に比べると，担保物権としての性質（特に追及効）が相対的に希薄な権利であるとも言える。留置権・先取特権の担保物権性をことさらに否定する必要はないとしても，担保物権に共通の性質とは何かを問い直すことは必要だろう。

第*1*節　留　置　権

以上を踏まえて，本節では，留置権について説明する。制度の趣旨がいかなるものであるかを考えた上で（Ⅰ），具体的な制度の内容へと進むことにしよう（Ⅱ）。

Ⅰ　制度の趣旨

1　留置権の意義

(1)　具 体 例

XがYの時計を修理した。しかし，Yが修理費用を支払わないという場合，Xは手元にある時計をYに返さなければならないだろうか。この場合，費用の支払を受けるまでXは時計を返す必要はないと考えるのが，公平であるように思われるだろう。**留置権**はこの直感的な要請を法的に実現するための一つの手段である。Xが，Yの所有物（時計）を占有し，この物に関する債権（修理代金債権）を有するとき，Xには，債権の弁済を受けるまでこの物を留置する権利が与えられているのである。これが留置権である（295条)。

ところで，同じ結論は別の法的手段によって実現することはできないだろうか。すぐに考えつくのが**同時履行の抗弁権**である（533条）[1]。確かに，XがYとの間で修理契約（請負契約）を締結していたという場合には，Xは，同時履行の抗弁権を用いてYの返還請求を斥けることができる（**図表12-1**左図)。しかし，X・Y間に契約関係がない場合には同時履行の抗弁権によることはできない。たとえば，修理契約を締結したのが，Yから時計を借りていたAである場合（**図表12-1**中央図)，あるいは，Yに時計を譲渡した元の持主Bである場合（**図表12-1**右図）などには，Xは契約の当事者ではないYに対して同時履行の抗弁権を主張することができない。このように契約関係がない場合にも，すなわち，契約関係に立たないYに対しても，留置権は物権であるので援用可能である。ここに留置権のメリットがある。このような場合にも物の留置を認めて，Xの債権を確保するために法が与えた権利が留置権なのである。

図表12-1 同時履行の抗弁権と留置権

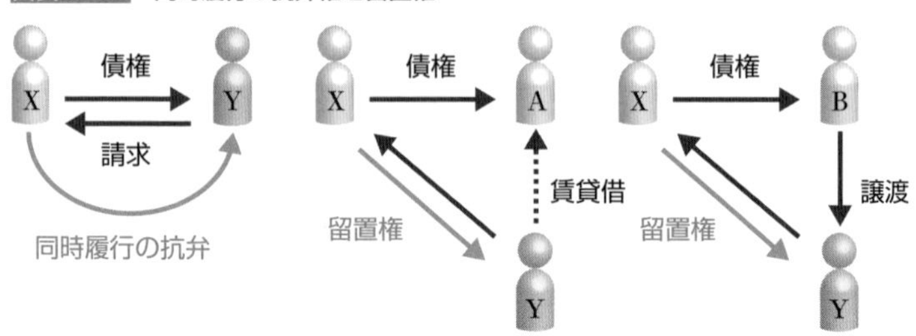

1） 関武志「物の引渡拒絶に関する一考察――留置権と同時履行の抗弁との峻別を巡って（1）(2・完)」法政理論27巻2号，28巻1号（1994-95)。

(2) 歴　史

Xに何らかの引渡拒絶権を認める取扱いはローマ時代から存在するが，当初はそれはあくまでも人的抗弁とされ，第三者に対抗できるものではなかった。フランス民法典は個別的な状況に応じて拒絶権を認める規定を置いたが，これを債権の延長線上でとらえていたし，ドイツ民法典は一般的な規定を設けたものの，これも債権的な性格づけをされていた（「債権的留置権」と呼ばれる。ただし，特定の場合に物権的効力を認める規定もあった）。その後，ドイツの例にも見られるように，次第に留置権に物権性が認められるようになった。さらに，スイス民法典は一般的な法定質権として留置権を承認し，フランスでも判例・学説が一般的な留置権概念を構成して，一定の範囲で第三者効を認めた。日本法の留置権はこのフランス法（判例・学説）に由来する。なお，フランス民法典には同時履行の抗弁に関する規定はないが，日本法のこの部分はドイツ法から導入されていることも付言しておこう。

2 留置権の性質

以上に見たように，留置権は物権であり第三者にも主張できる点で，同時履行の抗弁とは異なる。しかし，契約当事者間に限ってみれば，留置権も同時履行の抗弁もともに主張可能である場合がでてくる。このような場合にはどう考えればよいのだろうか。また，留置権の物権性は当然のものではないことを考慮に入れるならば，二つの権利の性質について，もう少し立ち入って考える必要がありそうである。しかし，現段階では問題は指摘されてはいるものの，十分な解答が与えられているとは言えない。以下においては，現在の考え方を紹介するとともに，二つの補足をするにとどめざるをえない。

現在の考え方は次のようなものである。一般的には，二つの権利が競合する場合にはどちらも行使できるとされているが，どちらか一方の権利しか使えないとする見解も説かれている。つまり，請求権競合説が通説だが，非競合説も少数説として存在するわけである。この点を確認した上で，次のような補足をしておこう。

第一は，留置権の物権性にかかわる。日本法では留置権が物権であることに疑いはない。また，それが債権の回収に役立つものであり，その意味で

「担保物権」と呼ばれるべきものであることも確かであろう。しかし，反面で，留置権は他の担保物権とは異なる特殊性を持っている[1]。留置権は，他の担保物権には一般に認められている（広い意味での）追及効を完全には備えておらず優先弁済効も欠いている。すなわち，占有が失われれば留置権は失われ目的物を取り戻すことはできないのであり（302条），目的物が滅失した場合に賠償金への権利行使を認める物上代位の規定も欠けている（ただし，第三取得者に対しても権利を対抗できるという狭い意味での追及効はある）。また，優先弁済効を認める規定も，少なくとも民法上は設けられていない。その結果，留置権は抗弁権的な色彩の強い権利となっており（「物権的抗弁権」と呼ばれることもある），この点でも同時履行の抗弁に接近している。

留置権の追及効　**追及効**（追及力）という用語は，広い意味では，物上代位（価値転化物に対する効力）や物権的請求権（占有からの離脱物に対する効力）をも含めて用いられることがあるが，狭い意味では，第三取得者に対する効力を指す。その意味では，留置権には追及効はある。しかし，留置権には，物上代位は認められないし，占有離脱物を回復するための固有の物権的請求権もない（占有訴権は別である）。

第二は，**留置権の適用範囲**にかかわる。契約当事者間においても，留置権と同時履行の抗弁の適用範囲には重ならない部分がある。同時履行の抗弁が主張できるのは同一の双務契約から発生した債権に限られるが，留置権の場合にはそのような制約がないからである。その意味では留置権の適用範囲の方が広い。しかし，実際には，同時履行の抗弁の適用範囲が広がってきているために，競合する部分は一層大きくなっている。

Ⅱ 制度の内容

Ⅰで述べた競合問題はさておいて，留置権のみを見た場合，それはいかな

1） 鈴木・物権339頁以下。

る要件のもとで成立し，いかなる効力を持つのか。また，いかなる場合に消滅するのか。次にこれらの点を見ることにしよう。

1　成　立

成立に関しては，要件一般について概観した後で，中心的な問題である「牽連関係」について検討することにしよう。

留置権の成立要件は，目的物に関する要件と被担保債権に関する要件とに分けて考えることができる。

(1)　目的物に関する要件

まず，留置目的物が「他人の物」であること（295条1項）。目的物は動産でも不動産でもよい。自分の物を留置しても弁済を促す意味はないので他人の物であることが必要だが，債務者本人の物ではなく第三者の物である場合はどうかが問題となる。通説はこれを肯定する。これに対しては，債務者以外の者の所有物を留置しても債務者に弁済を促すことはできない，第三者の犠牲において債権者を保護するのは妥当でないとして，これに反対する見解もあるが，債務者は事実上は弁済を促されるし，修理の例などを考えれば，第三者（所有者）にも利得がある場合もある。なお，成立を肯定した上で効力のところで問題を処理しようという考え方もある[1)]。

次に，その物を占有し，かつ，その占有が不法行為によって始まったのではないこと（295条2項）。自転車泥棒が自転車を修理したという場合，費用の返還請求権を被担保債権として留置権を行使することは認められない。もっとも，買主の詐欺・強迫により締結された売買契約が取り消されたという場合にも，この買主は代金返還請求権を被担保債権として目的物を留置できると解すべきだろう。なお，不法行為によって取得した占有が後に適法になった場合にも留置権を否定する理由はないだろう。逆に，適法に取得した占有が後に違法となった場合はどうか。最判昭51・6・17民集30-6-616〈2〉は，占有が違法となった後に取得した債権を担保するために留置権を主張す

1)　道垣内19-20頁，31-33頁。

るには，費用支出時において占有権原があると信ずるにつき過失がないことが必要であるとしている。なお，判例はこれを295条2項の類推適用によるとしている（学説には，196条2項を援用するものもある）[1]。

(2) 被担保債権に関する要件

債権を有することが必要であるが，成立要件のレベルでは金額の多寡は問わない。また，当該債権の弁済期が到来していなければならない（295条1項ただし書）。なお，被担保債権の履行の前提として引渡義務の先履行が定められている場合にも，留置権は行使できない。弁済すべき債権が弁済されていないことが留置の根拠だからである。

次に，債権が「その物に関して生じた債権」でなければ留置権は成立しない（295条1項）。このような関連性を留置目的物と被担保債権の「**牽連関係**（けんれん）」と呼んでいる。

牽連関係が要求されるのは，次のような理由による。XがY所有の宝石を預かっているが，これとは別に，XはYに対して金銭債権を有しているとしよう（貸金庫を提供しているXは銀行だと思えばよい）。この場合に，Xは金銭債権を被担保債権として宝石を留置できるのはおかしいだろう。それとこれとは別の話である。手元にある宝石と何らかの関係のある債権を担保するために，留置権は認められるのであり，留置目的物と無関係の債権は被担保債権とはなりえないのである。

では，どのような場合に牽連関係があると言えるか。この点につき，通説が提案している基準は，①債権が物自体から生じた場合，②債権と物の引渡請求権とが同一の法律関係ないし生活関係から生じた場合の二つの類型に分けて考えるというものである。しかし，この基準の適用は難しく，実際にはケース・バイ・ケースの判断に陥っていることが指摘されている。

1） 道垣内29頁注（＊＊）参照。

2 効 力

(1) 留置的効力

まず，留置権の効力の中心が「留置することができる」にあることは確かである。

留置的効力に付随する問題として，次のようなものがある。第一に，債務者あるいは所有者からの返還請求訴訟に対しては，これらの者の請求を棄却する敗訴判決ではなく，債務の弁済と引換えに引き渡せという引換給付判決がなされること（判例・通説）。文言（「弁済を受けるまで」）からは少し遠いが，それで十分であるとされている。第二に，留置権を行使していてもそれだけでは被担保債権の時効は完成猶予・更新されないこと（300条）。留置権の行使と債権の行使は別だという理由による。しかし，目的物の引渡拒絶を債権の主張と見ることができる場合はあるとされている。第三に，留置中に生ずる権利義務につき規定があること（298条・299条を参照）。

(2) 優先弁済的効力

留置権には他の担保物権のような**優先弁済効**はない（303条・342条・369条には「他の債権者に先立って」という文言があるが，295条にはない）。しかし，例外的な優先弁済効が認められているほか，一定の場合には事実上の優先弁済効が生ずる。

まず，留置権者は留置目的物の果実を被担保債権に充当することができる。これは果実に関してのみ例外的に優先弁済効を与えるものである（297条1項）。通常は果実は少額であることに鑑みて簡易な処理をはかったとされている。

次に，事実上の優先弁済効は次のように生ずる。二つの場合がある。

その一は，目的物所有者に対する他の債権者による強制執行の場合である。この場合，動産と不動産とを分けて考える必要がある。動産の場合には，留置権者が目的物を執行官に渡すのを拒む限り差押えができない。所有者が有する目的物引渡請求権の差押えは可能だが，留置権者は弁済があるまで引渡しを拒むことができる。他の債権者は弁済をしないと執行ができないので，事実上優先弁済を受けることができるわけである。不動産の場合には，目的物の占有はそのままで執行手続を進めることができるが，競落人は被担保債権を弁済しなければならないとされている（民執59条4項・188条）。それゆえ，やはり優先弁済が受けられるのである。

その二は，「形式競売」と呼ばれる場合である。留置権者は担保権の実行のために競売を申し立てることはできない。しかし，物の保管の負担から免れるべく目的物を換価するために競売を行うことが認められている。これが「形式競売」である（民執195条）。もちろん，換価金は留置権者に直接帰属するわけではないが，所有者＝債務者である場合には，相殺によって事実上の優先弁済を受けることが可能になる。

3 消　　滅

最後に消滅について一言しておく。被担保債権が消滅すれば留置権は消滅する（これは「**付従性**」という）。担保物権は被担保債権を確保するための権利だからである。ただし，債権の一部が弁済されただけでは留置権は消滅しない（これを「**不可分性**」という[1)]。296条）。ほかに重要なのは，目的物所有者の破産手続においては，留置権はその効力を否定され消滅することである（破66条3項）。この点でも，留置権の担保物権としての性格は不十分である。

占有の喪失（302条）が消滅原因であることはすでに述べた。義務違反による消滅（298条3項），代担保提供による消滅（301条）も消滅原因である。なお，留置権者は，留置物の保管義務を負うのであり，これを勝手に使用・収益・処分することはできない（298条1項2項）。ただし，承諾があれば別である（298条2項参照）。そして，判例は，この承諾は第三者にも対抗可能であり，義務違反は生じないので消滅請求もなしえないとしている（最判平9・7・3民集51-6-2500〈4〉。承諾後に対抗要件を備えた新所有者に対抗できるとした）。

1）清水元「留置権の不可分性について」東北学院大学論集・法律学47号（1995）。

第2節　先取特権

前節の留置権に続き，本節では，これと並んで法定担保とされる先取特権について説明する。やはり制度の趣旨，制度の内容の順で見ていく（Ⅰ，Ⅱ）。

Ⅰ　制度の趣旨

1　先取特権の意義

(1)　具体例

まず例をあげよう。債権者Ｘは代位権・取消権を行使して，手間をかけて債務者Ｙの責任財産の維持に努めた（たとえば，移転登記請求権を代位行使した，あるいは不動産の贈与を詐害行為として取り消した）。その費用はどうなるのだろうか。これについても他の債権者の有する債権と同等の地位を有するにすぎないと考えるのは不公平ではないか。この費用は，Ｘ一人のためではなく総債権者のために，いわばＸが立て替えて払ったものではないか。もしそうならば，Ｘの支出した費用分に限っては，他の債権者に優先して回収できるとすべきではないか。この債権にはそのような**優先弁済効**を与えるべきではないか。**先取特権**はこのような考え方によって基礎づけられているのである。すなわち，債権の性質に鑑みて法が当該債権を有する債権者に与えた特別な権利が先取特権である（303条）。この例でＸに認められる先取特権は共益費用の一般先取特権ということになる（306条1号）。

もう一つ例をあげよう。ＸがＹに対してある動産（たとえば自動車）を売却した。引渡しは済んだが代金は未払である。このとき，Ｙの他の債権者Ｚが当該動産を差し押さえたとしよう。この場合，ＸはＺと対等な地位を有するという取扱いは公平だろうか（Ｘの代金債権が100万円，Ｚの貸金債権も100万円。自動車が60万円で売却できたとすると，Ｘ・Ｚには各30万円が配当される）。この動産はＸが供給したからこそＹの責任財産に帰属している。ＺとＸとでは当該動産に対する関与の度合いは異なる。そうだとすれば，少なくとも一般債権者Ｚとの関係ではＸに優先権を認めるべきではないか。これを認めたのが動産売買の先取特権である（311条5号）。後に述べるように，このほかにもさまざまな先取特権がさまざまな理由で認められている。

(2) 問 題 点

ところで，先取特権は公示のされない権利である。抵当権であれば登記がされるし，留置権・質権であれば目的物の占有は担保権者にあるので，他の者は担保物権の存在を知った上で，債務者との取引に入ることができる（ある物を譲り受けたり，その物が責任財産となると見込んで貸付をする）。ところが先取特権の場合にはそうはいかない。債務者Yに対して，あるいは，Yが有する個別の財産に対して，誰がどのような先取特権を有するかは外部からは窺い知ることができないのである。これは先取特権の大きな特色である。それゆえ，すぐ後で述べるように，先取特権の効力には一定の制限が加えられざるをえない。さらには，効力が制限された権利であるとしても，このような権利は存在しない方がよいとの批判もなされている。

実際のところ，フランス民法典は詳細な先取特権規定を持っており，これを導入した日本法も同様であるが，ドイツ法やスイス法においては公示のない先取特権は除去される傾向にあり，また，フランスでも1955年の法改正によって先取特権の整理がなされている。しかし，反面で先取特権を認めて特別に保護すべき債権が増加しているということも否定できない。先取特権は法律によって認められる権利だが，その法律は民法に限らない。今日では，各種の特別法によって100種類以上の先取特権が認められている。そうだとすると，取引の安全に及ぼす影響を考慮に入れつつ，必要なものは認めるが不要なものは廃する，という是々非々の態度をとるしかないだろう[1]。

2 先取特権の性質

先取特権が公示なき物権であり，そのために効力に制限があると述べたが，その制限はどのようなものだろうか。また，先取特権にはさまざまな種類のものがあると述べたが，大きくグルーピングをしてそれらの特徴をとらえる

1） 道垣内48頁参照。

ことはできないだろうか。それぞれの先取特権の内容は後で述べることにして，まずは，以上のような先取特権の一般的な特徴について述べておくことにしたい。

(1)　物権性の希薄さ

先取特権に優先弁済的効力があることは先ほど述べた通りである。では，追及効（追及力）はどうか。結論を言うと，先取特権には**追及効**はない。この点につき，目的物が動産である場合に関しては明文の規定がある（333条）。公示のない先取特権に追及効を認めると第三者を害するために，このような規定が置かれていると解されている。目的物が不動産である場合はどうかと言うと，後に述べるように，一般先取特権と不動産先取特権とで考え方が異なるが，結論としては，登記をしない限りは第三者に権利主張できない（336条ただし書・337条・338条・340条）。しかし，先取特権には**物上代位**は認められている（304条）。それゆえ，目的物の第三取得者に対しては権利主張はできないが，処分の結果として得られた代金については物上代位により優先弁済を受けることができる。

つまり，先取特権には，目的物が債務者の責任財産に属する限り（たとえ物自体が逸失して代金債権や損害賠償債権に代わっても），優先弁済効が付与されているのであるが，登記がなされた場合を除いて，第三者に対する追及効は欠けているのである。その意味で，先取特権の物権性は完全なものではない。この点に着目するならば，先取特権は担保物権ではなく特定の債権に付与された特殊な効力であると見ることもできる。

留置権と先取特権の効力を対比すると次頁の図のようになる（図表12-2）。いずれも，抵当権などと比べるとその物権性は十分とは言えない。しかし，相対効しか持たない通常の債権ではないことも確かであり，その意味では，これらを物権として位置づけるのはおかしなことでもない。

(2)　他の担保物権との対比

ところで，その目的物によって分類すると，先取特権は，**動産先取特権**（動産が目的物），**不動産先取特権**（不動産が目的物），**一般先取特権**（債務者の責任財産全体が目的物）の三つに分けられる。それぞれの内容については，すぐ後で説明するが，いまここでは次の3点を指摘しておきたい。

図表 12-2　担保物権の効力の比較[1]

	優先弁済効	追及効	物上代位	(物権的請求権)
		広義の追及効		
留置権	△	○	×	△?
先取特権	○	×	○	○
抵当権	○	○	○	○
動産質権	○	○	○	△?

＊　○＝あり×　＝なし　△＝どちらとも言えない

第一に，動産先取特権と不動産先取特権のリストを見ると（311条・325条にリストあり），留置権との共通性を見いだすことができないわけではないこと。目的物と被担保債権の間に牽連関係があることが留置権の成立要件であったが，動産先取特権・不動産先取特権の場合にも，目的物と被担保債権の間には牽連関係があると言ってよい。違うのは，牽連関係がある類型が限定列挙されているという点である。留置権の場合は，物を留置しているがゆえに，かなり広い範囲の債権を被担保債権とすることができたが，先取特権の場合には，そのような事情がないので法が特に保護すべき場合を限定列挙しているわけである（図表 12-3）。

図表 12-3　物との牽連関係

留置権　＝　占有＋牽連関係

先取特権　＝　限定列挙（←牽連関係＋政策判断）

第二に，不動産先取特権と抵当権は，その効力において共通の面が多いこと。実際のところ，抵当権に関する規定が準用されている（341条）[2]。大きく違うのは，不動産先取特権の成立には当事者の約定を要さないという点と，不動産保存・不動産工事の先取特権は登記の順序にかかわらず抵当権に優先

1）星野Ⅱ 335頁参照。
2）鈴木・物権 266-267頁は，「法定抵当権」という表現を用いている。その実態についても同じ箇所を参照。

するという点（339条）である。

第三に，一般先取特権は，個々の動産・不動産ではなく債務者の責任財産全体を目的物とする点に大きな特色がある。これと同様の特色を持つ約定担保物権として，企業担保権がある（1958年制定の企業担保法による）。これについてはすでに抵当権のところで説明した（⇒**第*1*章第*2*節第4〔UNIT 6〕Ⅱ*1***）。

Ⅱ　制度の内容

以上を前提に，制度の内容についての説明をする。先取特権に関しては，種類ごとに考える必要があるが，以下においては，ごく簡単なリストを示すほか，各種の先取特権相互の優劣と他の物権との優劣について触れるにとどめる。ただし，効力・消滅については，共通の問題を取り上げる。

1　種　　類

(1)　概　　観

債務者の責任財産全体を目的物とする先取特権を「一般先取特権」という（306条）。民法では次の4種の債権につき認められている。

① 共益の費用（同条1号）　⟶　全体の利益のため
② 雇用関係（同条2号）　⟶　債権者のため
③ 葬式の費用（同条3号）　⟶　債務者のため
④ 日用品の供給（同条4号）　⟶　債務者のため

①についてはすでに述べたが，総債権者の利益のための費用なのだからまず優先的に取らせるというもの，②は社会政策的な配慮に基づいて，給料債権を特に厚く保護しようというもの，③④は，葬式費用・日用品供給にかかる債権を特に厚く保護することによって債務者に利便を与えようというものである（債権者からの物・サービスの提供を受けやすくする）。

◆ 一般先取特権の効力

一般先取特権者は，「不動産以外の財産」→「特別担保（＝不動産先取特権・質権・抵当権）の目的でない不動産」→「特別担保の目的である不動産」の順で執行をしなければならない（335条1項2項）。

なお，不動産については第三者に権利を対抗するためには登記を要するのが原則であるが，一般先取特権の被担保債権額は通常少額なので登記がされにくい（しようと思えばできる）。そこで，登記がなくとも一般債権者には対抗可能であるという特則が設けられている（336条本文）。しかし，登記を有する第三者（抵当権者・一般先取特権者・第三取得者など）には対抗できない（336条ただし書）。

◆ 動産先取特権の効力

債務者の有する特定の動産を目的物とする先取特権を「動産先取特権」という（311条）。民法では次の八つの場合につき認められている。

① 不動産賃貸借，② 旅館宿泊，③ 運輸（同条1号〜3号）	⟶ 第1グループ
④ 動産保存，⑤ 動産売買（同条4号・5号） ⑥ 種苗肥料供給（同条6号） ⑦ 農業役務者賃金，⑧ 工業役務者賃金（同条7号・8号）	⟶ 第2グループ

これらは，①〜③のグループと④〜⑧のグループに分類することができる。

第1グループは，債権債務関係と密接な関連を持ち，かつ，債権者の支配領域に存する動産に関しては優先権を与えようという趣旨だろう。

第2グループは，目的物の価値を，直接的に（動産保存・動産売買[1)]の場合），あるいは，間接的に（種苗肥料や農工業役務の場合），増進させるのに貢献した行為から生じた債権について，その目的物に関して優先権を与えようという趣旨だろう（これらは留置権と共通の側面を持つものと言えるかもしれない）。

◆ 不動産先取特権の効力

債務者の有する特定の不動産を目的物とする先取特権を「不動産先取特権」という（325条）。民法では次の3種が認められている。

1）　林田学「動産売買先取特権再考」三ヶ月古稀・民事手続法学の革新・下（1991）。

① 不動産の保存（同条１号）
② 不動産の工事（同条２号）
③ 不動産の売買（同条３号）

このうち①と②は一括してとらえることができる。不動産の場合には「保存」と言うよりは，より積極的な改良によって価値増加が生ずることが少なくないので②が別立てにされたのだろう。①②をあわせて動産保存と対比することができる。そして，③は動産売買に対応する。

(2) 優劣関係

◆ **動産について** 同一目的物に同種の動産先取特権が存在するときには，債権額に比例した優先弁済になるのが原則だが（332条），動産保存の先取特権に関しては後の保存者が優先する（330条1項後段）。後の保存の方が動産の現在の価値との関連性が高いということだろう。異種の動産先取特権については，330条1項が三つのグループに分けて順位をつけている。

他の担保物権との関係は次の通りである。まず，動産先取特権が一般先取特権に優先する（329条2項）。また，留置権者に対しては事実の問題として何人も劣後する。このことはすでに述べた。残るのは質権だが，質権者は第1順位の先取特権と同じ扱いを受ける（334条）。つまり，下の図のようになる（図表12-4）。

図表 12-4 諸物権の優劣（動産の場合）

留置権 ＞ 質権 ≧ 動産先取特権 ＞ 一般先取特権

動産先取特権については特に対抗要件は定められていない。まさにこれは公示のない担保物権なのである。しかし，そのため，目的物が第三者に譲渡された場合には動産先取特権の効力は失われる（333条）。追及効がないのである。この点もすでに述べた通りである。比喩的に言うならば，留置権は，目的物が留置権者の手元にある限り効力を有するが，動産先取特権は目的物が債務者に帰属する限りで効力を有するのである[1]。

◆ **不動産について** 同種の不動産先取特権間では債権額に従って優先弁済を受けるのが原則である（332条。ただし，331条2項参照）。異種の不動産先取特権間での効力は，325条のリストの順とされている（331条1項）。

不動産先取特権は一般先取特権には優先するが，留置権には事実上劣後するのは，動産の場合と同じである。抵当権との関係はどうかというと，保存・工事の場合には抵当権に優先する（339条）。不動産質権に対しても同様である（361条）。不動産売買の先取特権にはこのような規定がないので，登記の先後によって順位が決まる。まとめると次のような図になる（**図表12-5**）。

図表12-5 諸物権の優劣（不動産の場合）

留置権 ＞ 不動産先取特権 ＞ 一般先取特権
≧ 抵当権（質権）

なお，不動産先取特権に関しては登記は効力要件である（337条・338条・340条）。

2 効　　力

(1) 効力一般

すでに，それぞれの先取特権につき，効力の問題についても言及したが，共通の問題についてまとめて触れておきたい。

登記をした場合を除き先取特権には**追及効**はないが，**優先弁済効**はあることは規定上明らかである（303条）。順位の説明はこれを前提として行った。優先弁済効があるということは，自ら先取特権を実行するために競売を行うことができるとともに，他の債権者が開始した競売においても優先的に弁済を受けることを意味する[2]。

1）道垣内71頁参照。
2）手続につき，道垣内73頁，77頁，79頁。

目的物の侵害に対しては，**物権的請求権**を行使することができる。この問題は抵当権と共通の問題なので，抵当権のところ（⇒**第1章第2節第2**〔UNIT 4〕**Ⅱ1**(1)）で説明した（これに対して，留置権や質権の場合には，担保権者が占有を失った場合に物権的請求権によって取り戻すことはできない）。

最後に，物上代位が問題になるが，項を改めて検討しよう。

(2)　特殊問題――物上代位をめぐって[1]

先取特権の目的物の売却・賃貸・滅失・損傷によって債務者（または目的物所有者）が金銭等を受け取ることとなったとき，債権者は，その請求権について先取特権を行使することができる（**図表12-6**）。これが**物上代位**である（304条1項。2項も参照）。

図表12-6　物上代位（当事者の法律関係）

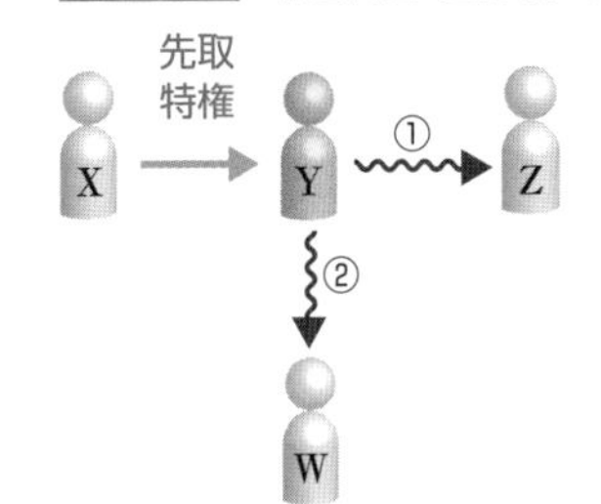

①代金請求権・賃料請求権の場合
②損害賠償請求権・保険金請求権の場合

物上代位に関しては次の2点について説明する必要がある。

◆ **物上代位の適用範囲**　条文の文言から物上代位は先取特権に広く認められるように見えるが，そう考えるべきかどうか問題があることが指摘されている[2]。仮に広く認められるとしても，実際上特に重要なのは動産売買先取特権の場合である。動産売主の代金債権は，所有権留保や留置権・同時履行の抗弁によって保護されているが，事前に担保（所有権留保）を取得することなしに履行をしてし

1）新田宗吉「物上代位」民法講座3，生熊長幸「民法304条・372条」民法典の百年Ⅱ。

2）鈴木・物権205頁，道垣内66-67頁など。

まったという場合には，これらの保護を受けることができない。最近では，そのような場合に，動産売買先取特権の援用がなされることが多くなってきた。特に問題となるのは，買主が目的物を転売してしまった場合であり，この局面をカバーするのが物上代位なのである。

◆ **物上代位権の行使手続**

物上代位権行使のためには，金銭等の「払渡し又は引渡し」の前に差押えをすることが必要である（304条1項ただし書）。ここでいう「払渡し又は引渡し」とはどういうことか。現実の弁済までがすでになされてしまった場合や他の債権者が差押え後に転付命令まで得た場合あるいは第三者が債権を譲り受けた場合が，これにあたることに争いはない。債務者の一般財産に混入してしまったり，第三者が排他的な権利関係に入ってしまったりする前に差押えをすることが必要だということである（目的物が姿を変えたものだから権利行使ができるといっても限度がある）。問題になったのは，そこまでには至っていない場合である。最判昭60・7・19民集39-5-1326［Ⅰ 82］〈8〉が，この問題を扱っている（一般論を述べたリーディングケースとして知られるのは，最判昭59・2・2民集38-3-431〈7〉。事案は買主破産のケースであり，その場合にも物上代位権行使は可能とした）。この判決は，一般債権者が差押え・仮差押えをした段階では物上代位権の行使は妨げられないとした。つまり，この段階まではなお物上代位権を行使することができるということである。

譲受人との関係　判例は，先取特権には抵当権の場合とは異なり公示方法が存在しないことを重視して，動産売買先取特権者は，物上代位の目的債権が第三者に譲渡され対抗要件が備えられた後には，物上代位権を行使することはできないとして，債権の譲受人を保護している（最判平17・2・22民集59-2-314〈9〉）。

3　消　　滅

消滅に関しては特殊な問題はあまりない。付従性・不可分性など留置権と同じである（前者は規定なし。後者は305条による296条の準用）。なお，留置権と異なり，先取特権は債務者の倒産によって消滅しない。一般先取特権は，破産手続では優先的破産債権（破98条），会社更生手続では優先的更生債権（会更168条）となる。動産・不動産先取特権は，破産手続では別除権（破65条）を与えられ，会社更生手続では更生担保権（会更2条10項）となる。それぞれの権利の内容については倒産法の教科書に譲るが[1]，いずれの場合にも優遇措置を受けるわけである。厳密に言えば効力の問題であるが，便宜上，ここで触れておいた。

1）伊藤眞・破産法・民事再生法（有斐閣，第4版，2018）467頁以下など。

MAIN QUESTION

留置権・先取特権は担保物権か？

KEY SENTENCES

■法定担保は法が債権に与えた保護として位置づけることができる。

■このような場合（契約関係のない場合）にも物の留置を認めて，Xの債権を確保するために法が与えた権利が留置権なのである。

■留置権は，他の担保物権には一般に認められている（広い意味での）追及効を完全には備えておらず優先弁済効も欠いている。

■債権の性質に鑑みて法が当該債権を有する債権者に与えた特別な権利が先取特権である。

■先取特権は公示のされない権利である。……（そのため，）先取特権の効力には一定の制限が加えられざるをえない。

■留置権は，目的物が留置権者の手元にある限り効力を有するが，動産先取特権は目的物が債務者に帰属する限りで効力を有する。

TECHNICAL TERMS

法定担保・約定担保　留置権　同時履行の抗弁権　追及効（追及力）　留置権の適用範囲　牽連関係　優先弁済効（優先弁済的効力）　付従性・不可分性　先取特権　物上代位　動産先取特権・不動産先取特権・一般先取特権　物権的請求権

REFERENCES

薬師寺志光・留置権論（信山社，復刻版，1990，三省堂，初版，1935）

留置権に関する先駆的な業績。留置権に関しては，最近いくつかの本格的な研究が現れているが，それまでは本書のほかには目ぼしい研究は少なかった。

補 論 体系と法

■UNIT 13 体系と法――民法の体系は一つか？

物的担保と人的担保をあわせて取り扱う本書の編成は，現行民法の編成方式からはやや離れており，むしろ旧民法の編成方式と親和性が高い。この点に限らず，本シリーズには，現行民法の編成方式から多少離れている部分が少なくない。このような講学上の体系編成をすることには，いったいどのような意味があるのか。以下では，この点について説明する。

まず前提として，民法典の編成方式は国や時代によって同一ではないことを確認する（Ⅰ）。このことを前提に，体系に対して，どのような態度をとるべきかを考えてみたい（Ⅱ）。

I 民法典の編成方式

1 二つの民法典

(1) フランス民法と旧民法

明治日本が最初に制定した民法（旧民法，1890年公布）は，ボワソナードが中心になって起草されたものであり，当時のフランス法の影響を強く受けたものであった。それゆえ，その体系も基本的にはフランス民法典を下敷きにしたものとなっている。フランス民法と旧民法の編成は，それぞれ次のようになっていた（**インスティチュート方式**と呼ばれる）。

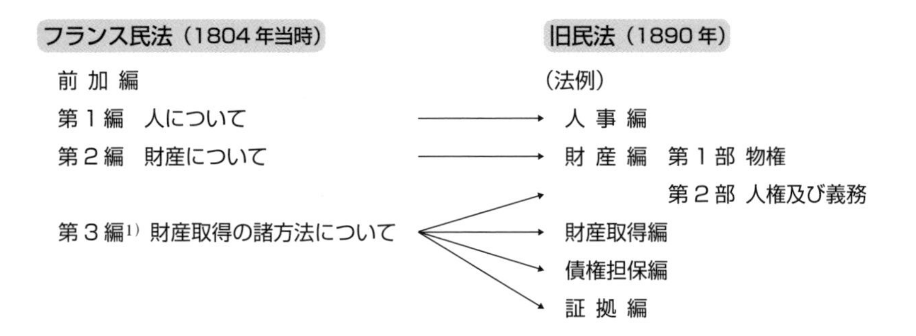

これを見ると，旧民法は，財産取得の諸方法を分節化し，物権と債権とをあわせて財産とする立場を取っているが，基本的にはフランス法と同じ体系観に立つことがわかる。

いくつかの差異は別にしてみると，フランス民法・旧民法式の編成の大きな特徴としては，相続編を持たないこと，人事編が重要な位置を占めること，相続・夫婦財産制が契約とともに財産取得方法として位置づけられていることなどがあげられるだろう。

(2) ドイツ民法と現行民法

これに対して，現行民法の制定にあたっては，特にその編成の面において

1） 2006年のオルドナンスによる改正で，現在では，担保編が独立するに至っており，日本の旧民法に近づいている。

ドイツ（系）の民法の影響があった。ここでも，ドイツ民法と現行民法の編成を対比してみよう。

ドイツ民法（1900年当時）		現行民法（1898年）
総則	→	総則
債務	→	債権
物権	→	物権
家族	→	親族
相続	→	相続

以上のように，ドイツ民法と現行の日本民法とでは，物権・債権の順序が入れ替えられている点が大きく異なるものの，編成全体を見ると他の点では共通点が多い（**パンデクテン方式**と呼ばれる）。ドイツ民法や現行民法の大きな特色としては，総則編の存在，物権編・債権編の対置，財産法と家族法の分離[1]などがあげられる。

2 20世紀以降の民法典

19世紀を通じてフランス民法はベルギー・オランダはもちろんイタリアなどの南欧諸国，さらには南米などにも影響を及ぼし，これらの国々ではフランス式の編成の民法典が作られた。他方，20世紀になると，ドイツ式の編成の民法が広がった。特に，日本のほか中国・韓国などにその影響は及んだ。

もっとも20世紀には，フランス・ドイツのいずれとも異なる編成を採用する民法典も増えてきた。20世紀初頭ではスイス民法，20世紀中葉ではイタリア新民法，20世紀末ではオランダ新民法が代表的な例である。ここでは，スイス法の編成方式を見ておこう。

1）ただし，日本の場合には，親族編・相続編をあわせて家族法部分と観念することが多いのに対して，ドイツでは，相続編は財産編（前3編）と家族編の双方にかかわると観念されているようである。

スイス法（1907年・1911年）

スイス民法
　序 章
　人
　家 族
　相 続
　物 権
　民法典の施行及び適用
スイス債務法

ここでは詳細に立ち入らないが，スイス法においては，民法本体では人・家族が重視されているが，債務法部分が独立の法律とされて，その中に会社や有価証券に関する規定が置かれているという特徴がある（**民商統一法典**）。なお，担保に関して言えば，物的担保は物権編に，人的担保のうち連帯債務は債務の態様の部分に，保証は各種契約として，それぞれ規定が置かれている。

Ⅱ　体系に対する態度

1　法典の編成について──見えるものと見えないもの

法典をいかに編成するか。これにはさまざまな考え方がある。今日，多くの国で採用されている考え方は何らかの体系によるというものであるが，すでに見たように，採用されている体系は一様ではない。これには理由がある。理想の体系がただ一つ定まるわけではないからである。むしろ，どのような体系も不十分な点を抱えざるをえないといった方がよい。その理由は次の点に求められる。民法なら民法の規定は，相互に複雑な関連を持っているが，その関連性はツリー状の階層構造の中では完全に表現できないのである。

たとえば保証に関する規定は，①多数当事者の債権債務関係という観点に立てば，債権に関するツリーのどこかに配置されることになる。しかし，②担保という観点に立てば担保に関するツリー，③契約という観点に立てば契約に関するツリーの中に置くことが求められる。現行民法典のように，①を重視した体系を採用すれば，②③の側面は見えにくくなる。反対に，旧民法典のように②を重視すると，今度は①や③が背景に押しやられることになってしまう。抵当権や質権についても同様で，①物権という点を重視すれば，物権に関するツリーに，②担保という観点を重視すれば，担保というツリーに配置することになるが，①と②とは両立しない。

このように，ある体系を採用することによって，制度の一つの側面はよく見えるようになるが，制度の別の側面が見えにくくなるのは，ある意味で不可避なことなのである。立法者は，どの側面を重視し，どの側面を二次的なものと考えるかという選択の問題に直面せざるをえない。

二重帰属主義と重複配置　ある規定の体系上の配置箇所が複数考えられるという場合に，選択の困難を回避する手段は全くないわけではない。たとえば，複数の箇所の双方に規定を置いてしまう，という方式をとることが考えられる。

同一の規定を異なる法典に二重に置くという立法方式は，フランスで部分的に採用されている。たとえば，自然人たる保証人に関する規定は，現行日本法では民法典に置かれているのに対して（465条の2以下），フランス法では消費法典に置かれているが，**二重帰属主義**をより広く適用するならば，双方の法典に置くという選択肢も出てくる。

これとは別に，同一法典内に，同種の規定を重複的に配置するという立法方式もありうる。これは旧民法がとっていた方式である。たとえば，「債権譲渡と相殺」に関する規定は，債権譲渡の箇所と相殺の箇所の双方に置かれていた。また，保証に関する規定は，財産編第2部（人権の部）の「債権の態様」の部分と，債権担保編の部分に置かれていたが，ある部分は規定を重複させ，ある部分は規定を振り分ける形で立法がされていた。

以上の方式は，それぞれの箇所を参照した際に関連の規定を見いだすことができる点では親切であるが，同時に，条文数の増加と煩雑さをもたらすことにも注意しなければならない。なお，日本の現在の立法スタイルからすると，このような方式は採用しにくいことも付言しておく。

2　講学上の体系について――教科書の二つの役割

諸制度・諸規定の体系上の位置づけは唯一絶対のものではなく，相当数の制度や規定については，法典の採用しているのとは別の位置づけが可能であることを前提としたとき，講学上の体系を設定する際に注意すべきことは何か。おそらく二つの点に留意する必要があるだろう。

一方で，法典が採用している体系以外の体系を提示することによって，法典がある観点に着目して，特定の制度・規定を説明しているのに対して，これとは異なる観点に立った説明がありうることを示すことは，当該制度・規定の理解を深める（より立体的なものにする）上で効果的であろう。くりかえし述べているように，保証や連帯債務は「人的担保」であると説明されれば，読者は，その担保としての側面に対する理解を深めることができる。

しかしながら，他方で，法典が採用している体系に関する説明が不要になるわけではない。法典が存在する以上は，法典が依拠している体系につき一定の理解を有することが必須であることは，言うまでもない。現行民法典が，「担保物権」の物権としての性質に重点を置いているとすれば，そのことは理解しておく必要があるだろう。一つの考え方を踏まえてもう一つの考え方を知って，はじめて立体的な理解は可能になる。

以上のように考えてくると，教科書には二つの役割があることがわかる。一つは，民法なら民法につき，法典に即した考え方を示すという役割，もう一つは，法典とは異なる考え方を示すという役割である。実際の教科書がこの二つの役割をはたすにあたっては，二つの戦略が考えられる。実際の教科書は二つのタイプに分類されると言ってもよい。第一は，分業型の戦略である。すなわち，法典に沿った解説を行う教科書が存在するということを前提に，それとは大きく異なる体系・説明を提示する教科書は十分にありうるだろう。第二は，折衷型の戦略である。一つの教科書の中で，法典に即した説明に加えて法典とは異なる説明を行うというものである。この場合には，法典を見ればわかることは省略し，法典中の重要性の乏しい部分は簡単な説明にとどめ，その代わりに法典とは異なる体系に立った見方を示すことになる。本書は第二の戦略を採用していることになる。

何を法典の体系とするか　旧民法典の編成は常識的であり一般市民にはわかりやすかったが，必ずしも論理的ではなく法律家にとっては煩雑でもあった。これに対して，現行民法典の編成はより論理的であり習熟した専門家には使いやすいが，必ずしも常識的ではなく初心者にはとっつきにくい。そのため，日本では1920年代から，民法典の編成とは異なる編成の教科書が多数書かれてきた。その代表例は末弘厳太郎『民法講話』と穂積重遠『民法読本』である。特に穂積のものは旧民法の体系に近い体系を採用している。その後に現れた我妻栄『民法大意』は，現行民法典の体系も踏まえつつ書かれており，折衷型の戦略を採用していると言える。

現在においては，民法の（ある種の）論理性は現行民法典やこれに忠実な編成の教科書によって担われ，その常識性は『民法講話』や『民法読本』のようなタイプの教科書によって担われている。これは論理性と常識性を調和させるための分業の一つのあり方である。しかし，次のように考えることもできる。すなわち，民法典においては，常識性をより重視した体系（たとえば『民法大意』の体系）を採用し，法律家向けには，より論理的な観点から，現行民法典のような体系（あるいはこれをより純化させた体系）に従った教科書を書くという考え方である。どちらがいいかは，民法典は誰のものであると考えるかによるが，同時に，現状を変更するコストについてどう考えるかも無視することはできない。

法典の体系からより離れて　すでに述べたように，本シリーズは，大枠としては民法典の順序に従いつつ，各巻においては民法典とは異なる観点に立った説明を重視するというやり方をとる折衷型の教科書である。読者は，第1巻の総則編から第8巻の相続編まで，おおむね法典の順に従って民法を学習することができる。

しかしながら，各巻の「**はじめに**」や「**総論**」で述べているところに現れているように，本シリーズには現行民法典の体系からもっと離れてみようという指向性が含まれている。たとえば，全巻を通じて掲げてある「内容関連図Ⅰ」で示唆した組み換えを行って，「家族編」「物権編」「不法行為編」，「契約編」「債権編」「総則編」を中核に，「担保編」「相続編」を外周に配した体系を想定するならば，その指向性はより明確になるはずである（⇒本シリーズ総則編）。

もちろん，現行民法典から離れた民法の見方は，一通りではない。本書に伏在する見方は「価値」の転換に着目した見方であるが，より「日常」に即した，より「機能」を明確にする見方に立った体系編成も可能であろう。

MAIN QUESTION

民法の体系は一つか？

KEY SENTENCES

■フランス民法・旧民法式の編成の大きな特徴としては，相続編を持たないこと，人事編が重要な位置を占めること，相続・夫婦財産制が契約とともに財産取得方法として位置づけられていることなどがあげられる。
■ドイツ民法や現行民法の大きな特色としては，総則編の存在，物権編・債権編の対置，財産法と家族法の分離などがあげられる。
■ある体系を採用することによって，制度の一つの側面はよく見えるようになるが，制度の別の側面が見えにくくなるのは，ある意味で不可避なことなのである。
■法典がある観点に着目して，特定の制度・規定を説明しているのに対して，これとは異なる観点に立った説明がありうることを示すことは，当該制度・規定の理解を深める（より立体的なものにする）上で効果的であろう。
■法典が存在する以上は，法典が依拠している体系につき一定の理解を有することが必須であることは，言うまでもない。

TECHNICAL TERMS

インスティチュート方式　パンデクテン方式　民商統一法典　二重帰属主義

REFERENCES

穂積陳重・法典論（哲学書院，1890，復刻版，新青出版，2008）

穂積陳重は，富井政章，梅謙次郎とともに民法典の起草を担当したが，専門は法理学であり，古今東西にわたる深い学識を備えていた。本書は，広い視野に立って法典のあり方を論じたものであり，民法典起草の指針となったとも評しうるものである。

条文索引

民法

2003 年改正前民法

2017 年改正前民法

旧民法（明 23 年法律第 28 号）財産編

旧民法（明 23 年法律第 28 号）債権担保編

会社更生法

民事再生法

民事執行法

判例索引

事項索引

あ 行

か 行

さ 行

た 行

な 行

は 行

ま 行

や　行

ら　行

わ　行

■ 著者紹介
大 村 敦 志（おおむら・あつし）
1958 年 生まれ
1982 年 東京大学法学部卒業
東京大学法学部教授を経て，現在，学習院大学大学院法務研究科教授

主要著書

民法研究ハンドブック（有斐閣，共著，2000 年）
民法総論（岩波書店，2001 年）
生活民法入門（東京大学出版会，2003 年）
もうひとつの基本民法Ⅰ・Ⅱ（有斐閣，Ⅰ：2005 年，Ⅱ：2007 年）
民法のみかた（有斐閣，2010 年）
消費者法（有斐閣，第 4 版，2011 年）
民法学を語る（有斐閣，共著，2015 年）
広がる民法 1・5（有斐閣，1：2017 年，5：2020 年）
人間の学としての民法学 1・2（岩波書店，2018）
新基本民法 1・2・4・5・6・7・8（有斐閣，7：2014 年，8：2017 年，1・2・4〔第 2 版〕：2019 年，5・6〔第 2 版〕：2020 年）

新基本民法 *3* 担保編 物的担保・人的担保の法 第 2 版
Nouveau droit civil fondamental 3, Sûretés

平成 28 年 9 月 15 日 初 版第 1 刷発行
令和 3 年 3 月 30 日 第 2 版第 1 刷発行

著 者 大 村 敦 志
発行者 江 草 貞 治
東京都千代田区神田神保町 2-17
発行所 株式会社 有 斐 閣
郵便番号 101-0051
電話（03）3264-1314〔編集〕
（03）3265-6811〔営業〕
http://www.yuhikaku.co.jp/

印刷・株式会社精興社／製本・大口製本印刷株式会社

ISBN 978-4-641-13855-1